跟着名家学写作

姜蒙 ◎ 编

1 动物篇

民主与建设出版社
·北京·

© 民主与建设出版社，2024

图书在版编目（CIP）数据

跟着名家学写作.1,动物篇 / 姜蒙编. —— 北京：民主与建设出版社，2024.7

ISBN 978-7-5139-4610-0

Ⅰ.①跟… Ⅱ.①姜… Ⅲ.①作文课-中小学-教学参考资料 Ⅳ.①G634.343

中国国家版本馆CIP数据核字（2024）第095815号

跟着名家学写作1 动物篇
GENZHE MINGJIA XUE XIEZUO 1 DONGWU PIAN

编　　者	姜　蒙
责任编辑	彭　现
装帧设计	大千妙象
出版发行	民主与建设出版社有限责任公司
电　　话	（010）59417749　59419778
社　　址	北京市朝阳区宏泰东街远洋万和南区伍号公馆4层
邮　　编	100102
印　　刷	三河市兴达印务有限公司
版　　次	2024年7月第1版
印　　次	2025年1月第1次印刷
开　　本	710毫米×1000毫米　1/16
印　　张	13.5
字　　数	104千字
书　　号	ISBN 978-7-5139-4610-0
定　　价	168.00元（全三册）

注：如有印、装质量问题，请与出版社联系。

目 录

猫 · 老舍 / 001

猫的早餐 · 老舍 / 012

白　象（节选）· 丰子恺 / 023

阿　咪（节选）· 丰子恺 / 034

蝉与纺织娘（节选）· 郑振铎 / 045

猫（节选）· 郑振铎 / 058

猫（节选）· 夏丏尊 / 071

小麻雀（节选）· 老舍 / 083

狗 · 老舍 / 094

小黑狗（节选）· 萧红 / 104

花　狗（节选）· 萧红 / 118

白　鹅（节选）· 丰子恺 / 131

冬天的麻雀 · 周作人 / 141

牛（节选）· 叶圣陶 / 152

没有秋虫的地方（节选）· 叶圣陶 / 164

猫（节选）· 靳以 / 177

小动物们（节选）· 老舍 / 189

金　鱼（节选）· 周作人 / 201

名篇欣赏

猫

▲老 舍

猫的性格实在有些古怪。

说它老实吧，它的确有时候很乖。它会找个暖和的地方，成天睡大觉，无忧无虑，什么事也不过问。可是，它决定要出去玩玩，就会出走一天一夜，任凭谁怎么呼唤，它也不肯回来。说它贪玩吧，的确是啊，要不怎么会一天一夜不回家呢？可是，它听到老鼠的一点儿响动，又是多么尽职。它屏息凝视，一连就是几个钟头，非把老鼠等出来不可！

它要是高兴，能比谁都温柔可亲：用身子蹭你的腿，把脖子伸出来让你给它抓痒，或是在你写作的时候,跳上桌来,在稿纸上踩印几朵小梅花。它还会丰富多腔地叫唤,长短不同,粗细各异,变化多端。在不叫的时候,它还会咕噜咕噜地给自己解闷。这可都凭它的高兴。它若是不高兴啊,无论谁说多少好话,它也一声不出,连半朵小梅花也不肯印在稿纸上!

这种小动物确是古怪。不管你多么善待它,它也不肯跟着你上街去逛逛。它什么都怕,总想藏起来。可是它又那么勇猛,不要说见着小虫和老鼠,就是遇上蛇也敢斗一斗。

满月的小猫们就更好玩了,腿脚还不甚稳,可是已经学会淘气。它们到院子里来了。院中的花草可遭了殃。它们在花盆里摔跤,抱着花枝打秋千,所过之处,枝折花落。你见了,绝不会责打它们,它们是那么生气勃勃,天真可爱呀。

名家 介绍

老舍(1899—1966),原名舒庆春,字舍予。中国作家。1950年创作话剧《龙须沟》,获北京市人民政府授予"人民艺术家"称号。主要作品还有小说《猫城记》《离婚》《牛天赐传》《四世同堂》《正红旗下》等,剧本《方珍珠》《春华秋实》《女店员》等。

名家写作课

神秘老师 **妙妙** **奇奇**

> 同学们,今天我们一起来欣赏一下老舍先生的散文作品《猫》。

> 我最喜欢猫了,小猫是很可爱的动物。

> 我一直觉得猫很凶呀。

> 我相信读了这篇文章,你对猫的看法一定会发生改变。老舍先生把猫的各种性格都描写出来了,很有趣。

> 咦,这篇散文不是教材中的课文吗?

> 没错,在这篇散文里,作者通过描写猫的几种矛盾表现,将猫的古怪性格鲜活地展现出来,塑造了一个贪玩又尽职、黏人又孤傲、胆小又勇敢的猫的形象,流露出作者对猫的喜爱之情。

> 妙妙总结得很棒!

> 那我倒要看看老舍先生是怎么把猫写得这么可爱的。

老舍先生在文章里从三个不同方面具体展现猫的性格古怪，分别是贪玩又尽职、黏人又孤傲、胆小又勇敢。

好奇怪呀，为什么老舍先生写得这么矛盾呢？是他写错了吗？

当然不是啦。其实这是作者独特的写法。作者故意用矛盾的表现描写猫的性格，实际上是运用了对比的写法。用贪玩和尽职对比，用黏人和孤傲对比，用胆小和勇敢对比，从多个角度描写猫的性格，不仅全面而仔细，更能凸显文章的中心：猫的性格实在有些古怪，真让人喜爱。

还有，老舍先生描写得这么仔细，说明他平时对猫进行过长期细致的观察，更突出了他对猫的喜爱之情。

原来是这样啊。

接下来让我们具体分析一下，作者是如何描写猫的古怪性格的吧。从全文的结构来看，作者采用了总分结构，开篇第一句就点明了猫的性格古怪。点明猫的性格，其实是表达了老舍先生对猫的喜爱之情。如果不喜爱，老舍先生也不会去关心猫是不是古怪了。后面作者具体从三个方面展现猫的古怪性格。

第一个方面，贪玩又尽职。猫"贪玩"表现在"出走一天一夜"，作者用了"任凭"这个词，表现了作者在召唤猫回家时的无可奈何和焦急，同样也突出了猫贪玩的特点，让猫贪玩不听话的形象跃然纸上。"尽职"表现在"它屏息凝视，一连就是几个钟头，非把老鼠等出来不可"，"一连几个钟头"突出了猫尽职的特点。

第二个方面，黏人又孤傲。"用身子蹭你的腿""把脖子伸出来让你给它抓痒""跳上桌来，在稿纸上踩印几朵小梅花"，淋漓尽致地表现出猫的黏人和乖巧。后边紧接着又用"无论谁说多少好话，它也一声不出""连半朵小梅花也不肯印在稿纸上"，表现出了猫的孤傲。

从这些文字中不难看出，作者对猫黏人，破坏他稿纸的行为，不仅不反感，反而在猫不搭理他时，发出了"连半朵小梅花也不肯印在稿纸上"这样的感叹。由此看出，作者是多么喜欢猫呀。

果然是这样啊，作者的刻画好细致呀。

第三个方面，胆小又勇敢。"总想藏起来"与"和蛇斗一斗"对比，表现出了猫既胆小又勇敢的特点。在文章的最后，作者描写小猫的调皮捣蛋，即使这样，作者也不肯责打它们，进一步表达了作者对猫的喜爱之情。

作者运用对比和明贬暗褒的写法,细腻地描写了猫的性格特点。

没错,看来你也被猫咪的可爱打动了。最后,让我们梳理一下这篇散文的写作思路吧。

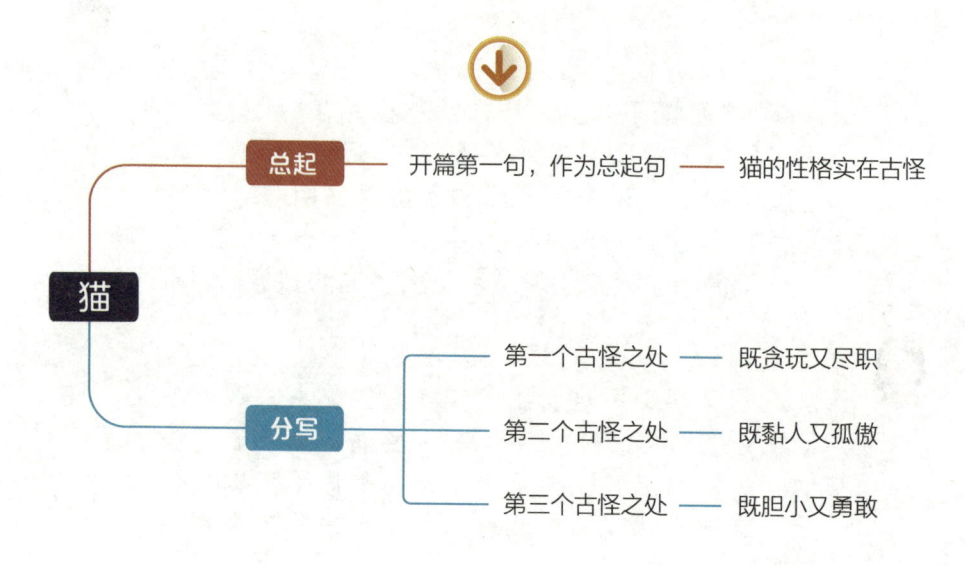

猫
- 总起 —— 开篇第一句,作为总起句 —— 猫的性格实在古怪
- 分写
  - 第一个古怪之处 —— 既贪玩又尽职
  - 第二个古怪之处 —— 既黏人又孤傲
  - 第三个古怪之处 —— 既胆小又勇敢

写作加油站

一、思路点拨

神秘老师

同学们，通过学习这篇散文，我们知道了可以通过描写小动物的性格特点，表达对小动物的喜爱之情。其实，除了描写小动物的性格特点，还可以描写小动物的外貌特征、生活习性等，来表达对小动物的喜爱之情。

妙妙

还有哪些方面呢？

神秘老师

描写小动物时，可以写毛发、体型、生活习性、叫声、动作等。

毛发：是长是短？什么颜色？顺滑还是粗糙？

体型：长腿短腿？尾巴什么形状？身体细长还是矮胖？

生活习性：喜欢吃什么？什么时候睡觉？喜欢玩儿什么？

叫声：温柔还是粗鲁？尖锐还是细腻？高兴时怎么叫？不高兴时怎么叫？

动作：护食吗？生气时什么样？兴奋时什么样？

只要对小动物进行认真细致的观察，就能得到很多的写作素材。

奇奇

我懂了,我可以写小狗抢食记。小狗抢食时的神态和动作,想想就很好笑。

妙妙

那我就写小猫的优雅生活,可以写午饭后小猫晒太阳的样子。

神秘老师

你们的思路都很棒。不过要记住,描写小动物外貌和动作时,要明确描写顺序,比如可以从头到尾、从上到下、从小时候到长大了等。这样,才能写得全面而有趣味。

二、技法指导

奇奇

可是,描写动物的外貌和动作,怎么才能写得逼真传神呢?

神秘老师

通过刚才的学习,我们知道对比写法是一种描写小动物的方法。

具体对比什么,如何对比,我们可以这么做:

1. 对比写法

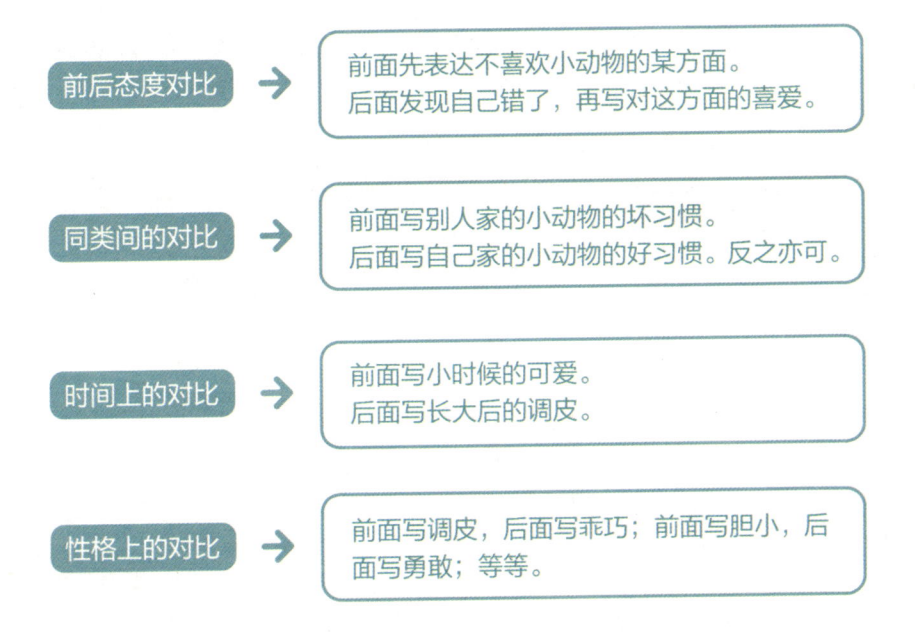

| 前后态度对比 | → | 前面先表达不喜欢小动物的某方面。
后面发现自己错了,再写对这方面的喜爱。 |

| 同类间的对比 | → | 前面写别人家的小动物的坏习惯。
后面写自己家的小动物的好习惯。反之亦可。 |

| 时间上的对比 | → | 前面写小时候的可爱。
后面写长大后的调皮。 |

| 性格上的对比 | → | 前面写调皮,后面写乖巧;前面写胆小,后面写勇敢;等等。 |

另外,除了对比写法,修辞手法也是一项重要的技巧,不仅能让描写生动有趣,更能体现出对小动物的情感。

2. 修辞手法

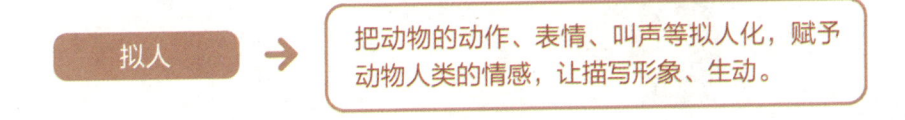

| 拟人 | → | 把动物的动作、表情、叫声等拟人化,赋予动物人类的情感,让描写形象、生动。 |

例:小鸟在树林里唱歌。

比喻 → 描写毛发、动作时运用比喻修辞，让句子充满想象力和画面感。

例：小猫的皮毛像一件华丽的战袍，上面点缀着各种图案。

夸张 → 描写动作时有意地夸大，可以增强描写的喜剧效果。

例：当小猫被吓到时，"噌"地蹿起来，比火箭还要快，比火箭还要高。

写作练笔

同学们，经过刚才的学习，你是不是掌握了描写小动物的方法呢？请试一试吧！

1. 你最喜欢的动物是什么？
2. 想一想它有哪些可爱之处？
3. 写之前，先构思一下它的哪些外貌和动作能体现可爱呢？

老师/家长点评

猫的早餐

▲老 舍

多鼠斋的老鼠并不见得比别家的更多，不过也不比别处的少就是了。前些天，柳条包内，棉袍之上，毛衣之下，又生了一窝。

没法不养只猫子了，虽然明知道一买又要一笔钱，"养"也至少须费些平价米。

花了二百六十元买了只很小很丑的小猫来。我很不放心。单从身长与体重说，厨房中的老一辈的老鼠会一日咬两只这样的小猫的。我们用麻绳把咪咪拴好，不光是怕它跑了，而是怕它不留神碰上老鼠。

我们很怕咪咪会活不成的，它是那么瘦小，而且终日那么团着身哆哩哆嗦①的。

人是最没办法的动物，而他偏偏爱看不起别的动物，替它们担忧。

吃了几天平价米和煮包谷，咪咪不但没有死，而且欢蹦乱跳的了。它是个乡下猫，在来到我们这里以前，它连米粒与包谷粒大概也没吃过。

我们只觉得有点对不起咪咪——没有鱼或肉给它吃，没有牛奶给它喝。猫是食肉动物，不应当吃素！

可是，这两天，咪咪比我们都要阔绰了；人才真是可怜虫呢！昨天，我起来相当的早，一开门咪咪骄傲地向我叫了一声，右爪按着个已半死的小老鼠。咪咪的旁边，还放着一大一小的两个死蛙——也是咪咪咬死的，而不屑于去吃，大概死蛙的味道不如老鼠的那么香美。

我怔住了，我须戒酒、戒烟、戒茶、甚至要戒荤，而咪咪——会有两只蛙，一只老鼠作早餐！说不定，它还许已先吃过两三个蚱蜢了呢！

---

① 此处说法依照作者原文，现行规范说法为"哆里哆嗦"。

名家写作课

神秘老师　妙妙　奇奇

同学们，我们知道老舍先生是个爱猫的人，他写过很多关于猫的散文。每篇文章都运用了独特的写法。

写猫难道还有其他方法吗？

是呀。今天我们就来学习老舍先生另一篇关于猫的文章——《猫的早餐》。看看他在这篇文章里运用了什么独特的写法吧。

我发现了一个问题，老舍明明喜欢猫，为什么在文章开头的时候却说小猫"很小很丑"，还说"厨房中的老一辈的老鼠会一日咬两只这样的小猫的"，这哪里是喜欢，明明是看不起小猫嘛！

妙妙厉害呀，一下子就发现了这篇文章最重要的部分。其实，这反而是老舍先生的独到之处！文章写小猫，本来是赞美小猫的生命力顽强，借此来表达对小猫的喜爱之情，以及对小猫的赞赏。然而，老舍先生在文章开头故意不这么写，反而先写小猫的"不堪之处"，这种写法就叫作欲扬先抑。

欲扬先抑？没有听说过这个写法。

欲扬先抑，又叫先抑后扬。"抑"就是按下、贬低；"扬"就是褒扬、抬高。描写小动物的时候，运用欲扬先抑的写法，用"抑"突出"扬"，能够使情节波澜起伏，前后形成鲜明的对比。

这么听起来，欲扬先抑确实是很厉害的写作方法呢。老师，快给我们具体讲一讲吧。

没问题。老舍先生在这篇散文里，是如何运用欲扬先抑写法的呢？首先，谁来说一说，老舍先生是如何"贬低"小猫的呢？

我知道。第三自然段，首先描写了小猫咪的外貌"很小很丑"，接着又描写了它的体型，不过并没有直接写，而是用一句"老一辈的老鼠会一日咬两只这样的小猫"，从侧面描写了小猫的瘦弱。最后第四自然段，通过"团着身哆哩哆嗦①"的动作，表现了小猫的弱小。

妙妙，你漏掉了一处。第五自然段，老舍先生这句话有点议论的味道，通过议论的方式，直接表达了对小猫的担心，其实也是从侧面表现小猫的弱小，也是"贬低"哟。

---

① 此处说法依照作者原文，现行规范说法为"哆里哆嗦"。

你们进步得真快。没错,老舍先生在文章开头,就通过外貌、动作等描写以及议论的方式,处处都在"贬低"小猫。当然啦,这种贬低不是恶意的,因为我们知道,贬低是为了"褒扬"。那么第二个问题来了,老舍先生是如何"褒扬"小猫的呢?

从第六自然段"欢蹦乱跳的",和前面的"瘦小""很小很丑""团着身哆哩哆嗦①"等描写形成了鲜明的对比。不仅表现了小猫生命力顽强,还流露出老舍先生的吃惊。而第七自然段是第六自然段的补充,这一段内容告诉读者,小猫并没有吃有营养的好东西,它之所以"欢蹦乱跳的",完全是因为它生命力顽强,直接表现了老舍先生对小猫的赞美之情。

倒数第二自然段才有趣呢,老舍先生早上开门,小猫"骄傲地向我叫了一声",运用了拟人的手法,生动有趣地写出了小猫"邀功"的样子,真是太可爱了。后面"按着个已半死的小老鼠""不屑于去吃"等句子,写出了小猫胜利者的姿态,从这些有趣的描写可以看出它已经是个相当厉害的猎手了。

你们分析得太棒啦。其实倒数第二自然段,表面上是描写小猫厉害,文字背后却表达了作者的惊叹和赞扬。整篇文章读完之后,你会有一种恍然大悟的感觉,这正是欲扬先抑写法的精妙之处。

---

① 此处说法依照作者原文,现行规范说法为"哆里哆嗦"。

还真是这样,假如老舍先生一开始就直接夸赞小猫,我反而感受不到小猫的厉害之处。而通过"抑"和"扬"的前后对比,这种反差会更强烈地让我感受到小猫的厉害之处。

嘿嘿,下次写作文,我也试试欲扬先抑的写法。

让我们最后总结一下本文的写作思路吧。

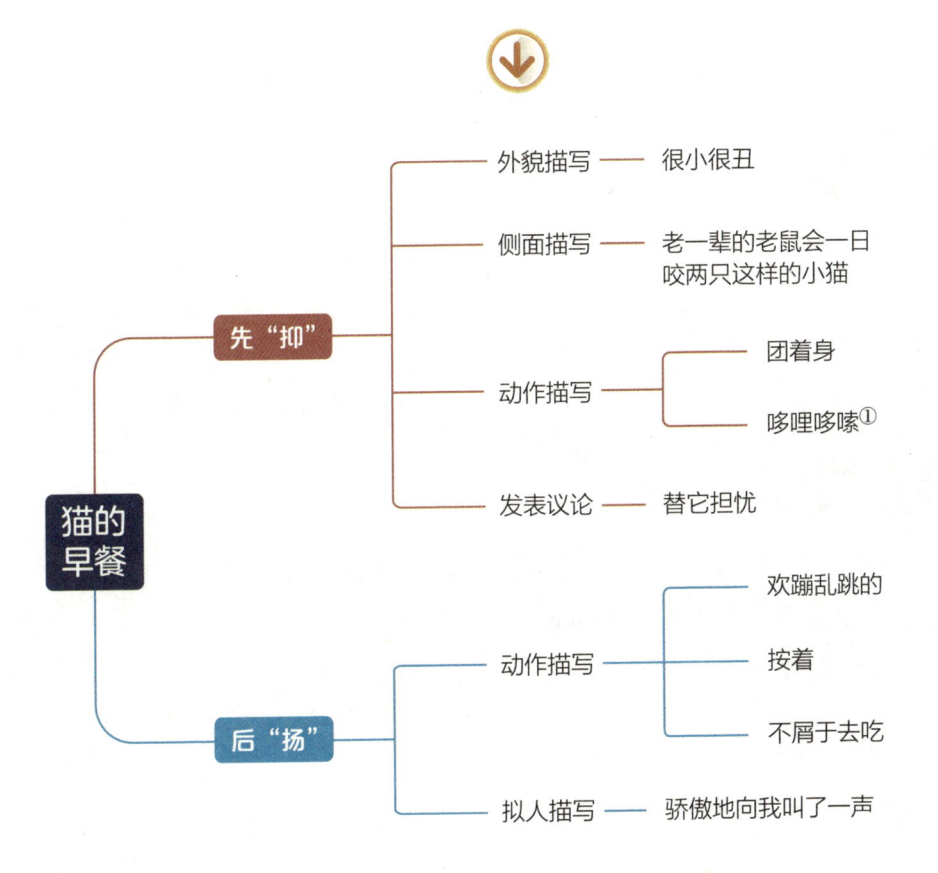

猫的早餐
- 先"抑"
  - 外貌描写 —— 很小很丑
  - 侧面描写 —— 老一辈的老鼠会一日咬两只这样的小猫
  - 动作描写
    - 团着身
    - 哆哩哆嗦①
  - 发表议论 —— 替它担忧
- 后"扬"
  - 动作描写
    - 欢蹦乱跳的
    - 按着
    - 不屑于去吃
  - 拟人描写 —— 骄傲地向我叫了一声

---

① 此处说法依照作者原文,现行规范说法为"哆里哆嗦"。

写作加油站

一、思路点拨

神秘老师

通过学习这篇文章,我们知道可以运用欲扬先抑的写法来描写小动物。欲扬先抑要想运用得好,开头特别重要。

妙妙

我知道,开头要像"凤头"。

神秘老师

没错,"凤头"的意思是文章开头要吸引人。

奇奇

那么如何才能吸引人呢?

神秘老师

最简单的办法就是"设置悬念"。悬念,是读者对故事情节发展和人物命运很想知道又无从推知的关切和期待心理。悬念设置得好,读者就会不由自主地看下去。

奇奇

哦，我明白了。开头相当于"鱼钩"，设置悬念就相当于"鱼饵"，而读者就是"鱼"。如果开头没有悬念，相当于鱼钩没有鱼饵，鱼就不会上钩。而读者也就不会往下看了。

妙妙

哈哈，奇奇的比喻真恰当呀。《猫的早餐》中，老舍先生开头写"又生了一窝"，表明鼠患严重。接着写买猫，此时读者肯定想看"猫鼠大战"，结果小猫"很小很丑"。老鼠的多和小猫的弱形成了对比，设置了有力的悬念。读到这里，我就会想，小猫能战胜老鼠吗？于是更想往下看了。

神秘老师

分析得很到位，就是这样。

二、技法指导

奇奇

那么，如何在文章开头设置悬念呢？

神秘老师

设置悬念的方法主要有以下几种：

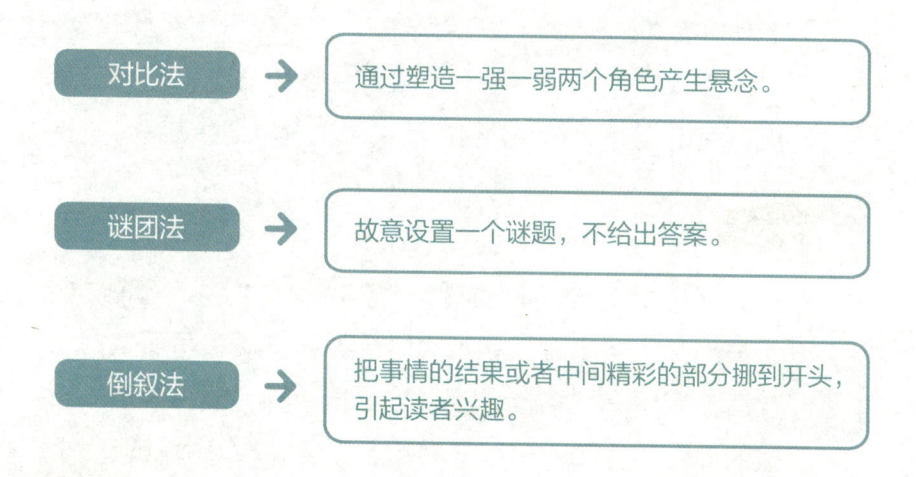

对比法 → 通过塑造一强一弱两个角色产生悬念。

谜团法 → 故意设置一个谜题，不给出答案。

倒叙法 → 把事情的结果或者中间精彩的部分挪到开头，引起读者兴趣。

妙妙

听起来好难呀，老师能举个例子吗？

神秘老师

当然可以，我们就以《猫的早餐》为例。其实老舍先生在文章开头就运用对比法设置了悬念。如果运用谜团法，可以这样写：

昨天，我起得非常早，看到门口有一只半死的小老鼠，这到底是怎么回事？是谁干的？

奇奇

哈哈,这个太好玩儿啦,如果开头这样写,我肯定愿意往下看。

神秘老师

如果运用倒叙法,可以这样写:

自从有了它,我家的老鼠彻底绝迹了。它真是老鼠克星呀!

妙妙

这是把事情的结局挪到了开头写,让人产生好奇心,内心有了疑惑。

神秘老师

没错,运用设置悬念的写法开头,然后运用欲扬先抑的写法推动情节,就能写出一篇不错的描写小动物的文章啦。

写作练笔

　　同学们，通过学习《猫的早餐》，你学会运用设置悬念的写法和欲扬先抑的写法了吗？快来动手试一试吧！

1. 讲述一件你和一只小动物的故事。
2. 文章开头试着运用设置悬念法。
3. 文章分成两部分，前半部分"贬低"它，后半部分"褒扬"它。

老师/家长点评

名篇欣赏

白　象（节选）

▲丰子恺

白象真是可爱的猫！不但为了它浑身雪白，伟大如象，又为了它的眼睛一黄一蓝，叫作"日月眼"。它从太阳光里走来的时候，瞳孔细得几乎没有，两眼竟像话剧舞台上所装置的两只光色不同的电灯，见者无不惊奇赞叹。收电灯费的人看见了它，几乎忘记拿钞票；查户口的警察看见了它，也暂时不查了。

我的幼女一吟，每天读书回家，或她的大姐陈宝教书回家，一坐倒，白象就跳到她们的膝上，老实不客气地睡了。她们不忍拒绝，就坐着不动，向人要茶，要水，要换鞋，要报看。有时工人不在身边，我同老婆就当听差，送茶，送水，送鞋，送报。我们是间接服侍白象。

有一天，白象不回来吃中饭。等到天黑，终于不回来。

后来新枚来报告，邻家的孩子曾经看见一只大白猫死在水沼上的大柳树上，后来被人踢到水沼里。孩子不会说谎，此说大约可靠。且我听说，猫不肯死在家里，自知临命终了，必远行至无人处，然后辞世。故此说更觉可靠。我觉得这点猫性，颇可赞美。这有壮士之风，不愿死牖（yǒu，窗户）下儿女之手中，而情愿战死沙场，马革裹尸。这又有高士风，不愿病死在床上，而情愿遁迹深山，不知所终。总之，白象确已不在"猫间"了。

名家介绍

丰子恺（1898—1975），原名丰润。中国画家、文学家、美术和音乐教育家。著有《音乐入门》，译有《西洋画派十二讲》和《源氏物语》《猎人日记》等多种外国文学作品。擅散文和诗词，文笔隽永清朗，语淡意深，有《缘缘堂随笔》等。

名家写作课

神秘老师 **妙妙** **奇奇**

妙妙： 老师,最近我描写小动物时,总是不知道从哪儿下手。

神秘老师： 哦?遇到了什么问题呢?

妙妙： 比如描写小猫时,我既想描写毛发,又想描写动作,还想描写习性。但是写出来之后乱七八糟的。

奇奇： 哈哈,妙妙,你这叫捡了芝麻丢了西瓜。

神秘老师： 描写小动物的时候,如果写得很乱,那肯定是没有安排好描写顺序。

妙妙： 那我该怎么办呢?

神秘老师： 别担心,今天我们一起学习一下丰子恺先生的《白象》,作者在这篇文章里运用了一种方法,能解决你的问题。

我读过《白象》，可是没发现有什么独特的方法呀！

别急，让我们一起来分析一下吧。妙妙，既然你读过，试着用一句话总结这篇文章的中心思想吧。

作者通过描述白象的外貌和习性，讲述一家人与白象的故事，表达了作者对白象的喜爱之情。

总结得太好了。大家找一找，作者是如何描写白象的特点的呢？

我来说，我来说。第一自然段，作者首先用"浑身雪白"描写白象的毛发，然后用"伟大如象"夸张地描写白象的体型。最后，用"两只光色不同的电灯"这一比喻描写白象的眼睛。

奇奇总结得很到位。

老师，好像作者就描写了这些，没有其他了。而且从第一自然段来看，作者对毛发和体型只是一笔带过，却用了很多笔墨来描写白象的眼睛，至于动作、生活习性等内容都没写，这是怎么回事呀？

你终于发现这篇文章的"问题"了。实际上，这就是我今天要讲的独特方法——**特征法**。

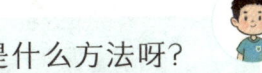

这是什么方法呀？

特征法，顾名思义，就是专注于描写小动物身上最吸引人注意的特点的方法。 我们看这篇文章，作者没有花很多笔墨去写毛发、体型、动作，甚至连鼻子、爪子、耳朵、尾巴都没有写，唯独用了几乎一段的内容来描写眼睛。

这是因为白象的眼睛是白象最惹人喜爱的地方。

没错，想要让描写的动物有特色，一定要把它最吸引人的特点展示出来。另外，**运用特征法重点描写一个动物最吸引人的特点，也能避免面面俱到重点不突出，进而导致描写顺序混乱的问题。** 让我们一起来看看作者是如何描写白象的眼睛的吧！

首先描写了颜色，"一黄一蓝，叫作'日月眼'"，而且还运用了比喻的手法，把两个眼睛比作太阳和月亮。

紧接着，作者又描写了眼睛的瞳孔，"从太阳光里走来""细得几乎没有"，惟妙惟肖地展示出白象的眼睛在阳光下的状态。而且最后又运用"像话剧舞台上所装置的两只光色不同的电灯"的比喻描绘出眼睛的样子。

你们都漏掉了第一自然段的最后两句和第二自然段。通过收电费的人和查户口的警察的反应，从侧面写出了白象眼睛的"美丽"，更凸显出白象眼睛吸引人的特点。第二自然段，通过描写两个女儿的行为，也表现出一家人对白象的宠爱。

哇，经过这么一分析，我感觉好像亲眼见到了白象的眼睛似的。

这就是作者的高明之处。最后，让我们总结一下作者是如何运用特征法描写白象的眼睛的吧！

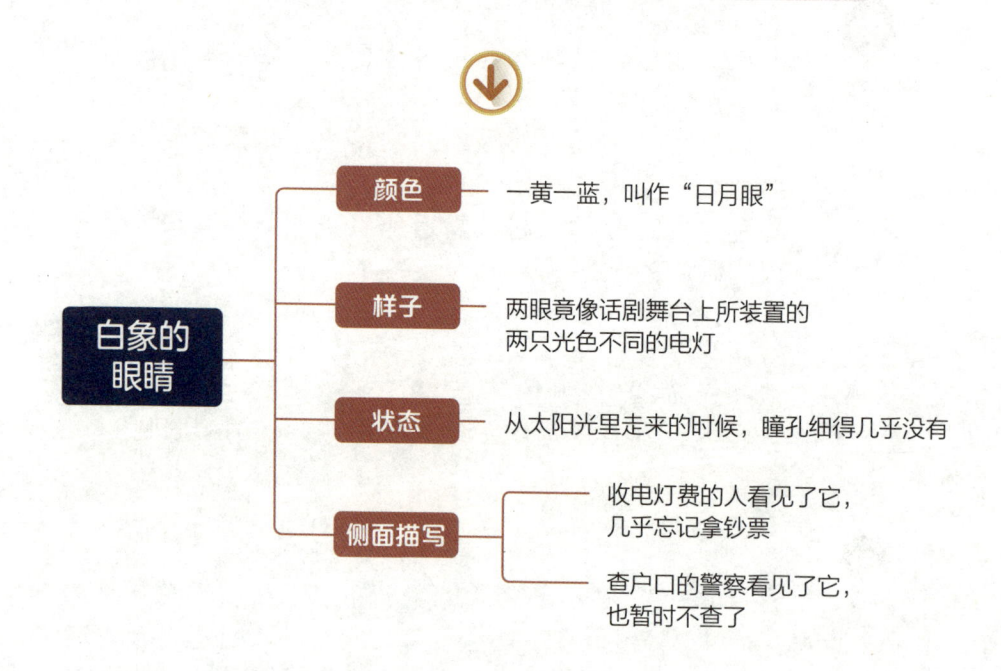

⬇

白象的眼睛
- 颜色 —— 一黄一蓝，叫作"日月眼"
- 样子 —— 两眼竟像话剧舞台上所装置的两只光色不同的电灯
- 状态 —— 从太阳光里走来的时候，瞳孔细得几乎没有
- 侧面描写
  - 收电灯费的人看见了它，几乎忘记拿钞票
  - 查户口的警察看见了它，也暂时不查了

写作加油站

一、思路点拨

妙妙

老师，虽然看丰子恺先生描写白象的眼睛描写得很好，但我们要想运用特征法，应该怎么写呢？

奇奇

是啊，我也有这个疑问。

神秘老师

特征法，就是要描写小动物身上最引人注意的特点，那么大体上可以分成两步，第一步叫"去同存异找特点"。

奇奇

去同存异找特点？这是什么意思呀？听起来很复杂的样子。

妙妙

我知道，去同存异的意思就是去掉相同的，留下不同的。

神秘老师

完全正确。比如你想描写家里的小猫，世界上的小猫太多了，怎么才能让别人记住你家的小猫呢？当然要排除掉所有小猫的共同点，只写你家小猫独有的特点啦！

奇奇

我明白了，这样描写出来的小猫才不会和别人的重复，才能展示出我家小猫与众不同的魅力。

神秘老师

第二步叫"发挥想象写状态"，意思是小动物的某个部位在某一时刻有哪些与众不同的状态。比如描写小猫的眼睛，它睡觉的时候是什么样，打哈欠的时候是什么样，从阳光里走出来的时候是什么样，晚上又是什么样。这些都是眼睛的不同状态。

特征法 ＝ 去同存异找特点 ＋ 发挥想象写状态

二、技法指导

奇奇

老师，写状态的时候，要怎样发挥想象呢？我写的时候总是不知道从哪里下笔！

神秘老师

特征法的第二步非常重要，它决定了特征法运用的成败。描写"状态"的时候，一般有两种方法，一种是拍照法，另一种是连环画法。

1. 拍照法

| 小猫的眼睛特写 | 小狗的尾巴特写 | 小鸡的羽毛特写 | 小猪的鼻子特写 |

拍照法，顾名思义就是写小动物某个部位的状态时，在脑海中想象这个部位的样子，然后去描绘它的状态。

拍照法的好处是描绘起来比较真实，但缺点是没有动态的感觉，让文字死板不生动。

为了弥补这个缺点，可以在描写时多运用比喻、拟人、夸张等修辞手法。

2. 连环画法

连环画法，就是描写小动物的某个部位，比如爪子时，在脑海中想象小猫使用爪子抓老鼠、抓蝴蝶时的连贯动作，把每一个动作进行拆解，然后描绘出爪子在整个捕捉过程中的状态。

连环画法最大的优点是生动形象,非常具有画面感,使读者感觉身临其境。

妙妙

哇,这两个方法听起来都很有意思。有了特征法,我再也不担心描写小动物时写得乱七八糟了。

写作练笔

同学们，通过学习《白象》这篇散文，你学会运用特征法描写小动物了吗？快来自己动笔尝试一下吧！

1. 选一种自己喜欢的小动物，家里的宠物或者动物园中的小动物都可以。
2. 打开"火眼金睛"，寻找一下它身上独一无二的部位。
3. 在"拍照法"和"连环画法"中选取一种，试着运用这种写法描写一下它的这个部位的状态。

老师/家长点评

阿咪（节选）

▲ 丰子恺

这猫名叫"猫伯伯"。我的女儿最喜欢它。有时她正在写稿，忽然猫伯伯跳上书桌来，面对着她。端端正正地坐在稿纸上了。她不忍驱逐，就放下了笔，和它玩耍一会。有时它竟盘拢身体，就在稿纸上睡觉了，身体仿佛一堆牛粪，正好装满了一张稿纸。有一天，来了一位难得光临的贵客。我正襟危坐，专心应对。"久仰久仰""岂敢岂敢"，有似演剧。忽然猫伯伯跳上矮桌来，嗅嗅贵客的衣袖。我觉得太唐突，想赶走它。贵客却抚它的背，极口称赞："这猫真好！"话头转向了猫，紧张的演剧就变成了和乐的闲谈。后来我把猫伯伯抱开，放在地上，希望它去了，好让我们演完这一幕。岂知过得不久，忽然猫伯伯跳到沙发背后，迅速地爬上贵客的背脊，端端正正地坐在他的后颈上了！这贵客身体魁梧奇伟，背脊颇有些驼，坐着喝茶时，猫伯伯看来是个小山坡，爬上去很不吃力。此时我但见贵客的天官赐福的面孔上方，露出一个威风凛凛的猫头，画出来真好看呢！我以主人口气呵斥猫伯伯的无理，一面起身捉猫。但贵客摇手阻止，把头低下，使山坡平坦些，让猫伯伯坐得舒服。如此甚好，我也何必做煞风景的主人呢？于是主客关系亲密起来，交情深入了一步。

名家写作课

神秘老师　妙妙　奇奇

同学们，前边我们学习了几种描写小动物的方法，还记得有哪些吗？

有全面描写法，按照特定顺序把小动物的特点全部描写出来。

还有欲扬先抑法，赞美之前先"贬低"，能突出小动物的特点。

没错，还有我们新学的特征法，挑选小动物身上最与众不同的特点着重描写。运用这三种方法描写小动物的时候，一般更侧重于静态描写。今天我们通过丰子恺先生的另一篇文章，来学习动作描写的方法。

动作描写，是一边动一边写吗？

哈哈，奇奇又在开玩笑。动作描写，指的是对小动物的动作进行描写。

妙妙说得对。之所以叫动物，就是因为它们能活动，不同动物有不同的动作，如果能把动作描写好，让人一看就知道是什么动物，那才厉害呢！

老师，我要学！

让我们看一下丰子恺先生的《阿咪》这篇文章吧。在这篇散文中，丰子恺先生描写了一只名叫"猫伯伯"的猫，大家找一找文中都写了它的哪些动作吧！

我找到啦，"跳上书桌""面对""坐在稿纸上""盘拢身体"，描写的是猫伯伯跳上"我的女儿"的书桌之后的一系列动作。

奇奇找得很仔细，还有呢？

还有"跳上矮桌""嗅嗅贵客的衣袖""跳到沙发背后""爬上贵客的背脊""坐在他的后颈上"，描写的是猫伯伯对客人感兴趣，几次三番接近客人的情景。

大家总结得都很好，那么你们能找到这两处动作描写的共同点吗？

这两处动作描写，每一处都和一件事有关。

没错，丰子恺先生在描写猫伯伯的动作时，并没有单独描写动作，而是把所有的动作融合在一件事里面。比如猫伯伯和女儿玩儿，猫伯伯和客人玩儿，把猫伯伯的一系列动作融合在一件事里，读者读起来不仅有画面感，而且生动有趣。

还有，我发现这些动作是连起来的，而且分先后顺序。如果把每个动作看成一幅画的话，几个动作连起来就像一个动画片。

太棒了，妙妙找到关键之处了。这就是今天我们要学习的描写小动物动作的技巧——动作连贯法。而且妙妙的这个比喻非常恰当，就是要用动画片的制作方法去描写动作。接下来，我们来仔细分析一下。

第一处动作描写，分别描写了"跳""面对""坐""盘拢"四个动作，四个动作将猫伯伯从地面跳上书桌，好奇地观察主人在干什么，坐下来陪伴主人，到最后累了干脆躺下盘起身体睡觉的整个过程再现出来。四个动作连接顺畅，不仅把猫伯伯的淘气表现得活灵活现，还体现了猫伯伯和女儿的关系非同寻常。

第二处动作描写,"跳"表现了猫伯伯对陌生客人的好奇,"嗅"写出了猫伯伯对客人的试探;而后边的"跳""爬""坐",则描绘出猫伯伯对客人熟悉了,想要跟他玩儿和他亲昵的情景。只用了五个字就把猫伯伯的心理活动进程展现得淋漓尽致。

是的,这就是动作描写的魅力所在,既能表现猫的性格,又能展现猫的心理活动进程,让描写变得有趣味。我们最后总结一下吧。

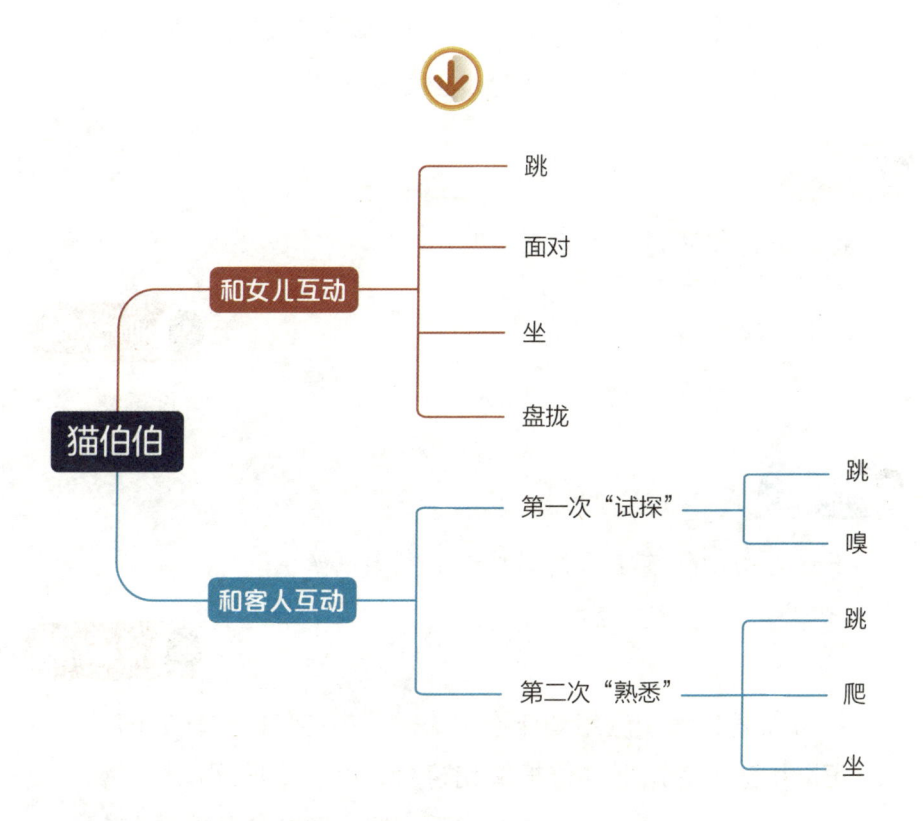

- 猫伯伯
  - 和女儿互动
    - 跳
    - 面对
    - 坐
    - 盘拢
  - 和客人互动
    - 第一次"试探"
      - 跳
      - 嗅
    - 第二次"熟悉"
      - 跳
      - 爬
      - 坐

一、思路点拨

奇奇

看别人描写小动物的动作好像很简单,但我还是不知道如何描写,怎么办呢?

神秘老师

运用动作连贯法描写小动物,就像刚才妙妙说的那样,几个动作连起来,就像动画片一样。如果我们看动画片,有个情节或者场景没看清楚,会怎么做?

妙妙

我知道,按暂停,然后回放!

神秘老师

回答正确。

奇奇

难道运用动作连贯法的时候,也能暂停?

神秘老师

那当然啦!我们运用动作连贯法描写小动物的动作之前,可以用放电影法把动作拆解和整合。首先要仔细观察,观察的过程就像摄影机拍摄的过程,把小动物的每个动作都

"拍摄"进大脑中。然后就是放映，在大脑中一帧一帧地放映，把小动物的每个动作都仔细拆解出来。

举个例子：如果描写小猫跳上桌子的画面，要怎么拆解呢？

奇奇

"嗖"一下，小猫跳上了桌子。这不就一个动作嘛！

妙妙

不是这样的。据我观察，小猫跳上桌子时，首先会压低身子，弓起后背，然后后腿使劲儿。跳起来之后，前腿缩在胸前，后腿伸开。跳到桌面上时，后腿向上提，蹬住桌子边，这样，小猫就跳上了桌子。

神秘老师

看来妙妙一下就掌握了放电影法的精髓。奇奇，别看只是跳上桌这个简单的过程，如果运用放电影法拆分，能拆出很多个动作呢。

奇奇

我明白了，所谓动作，其实就是小动物身体上所有部位——四肢、尾巴等的活动过程。而放电影法就是把小动物活动时的所有动作拆解出来。

神秘老师

非常正确！所以描写小动物的动作时，先用放电影法拆解，再用动作连贯法描写。

二、技法指导

奇奇

老师，您看我这句话写得怎么样？

咪咪发现了毛线球，弓起后背，盯着毛线球，后腿蹬，前腿扑，按住了毛线球。

妙妙

奇奇，你这句话读起来干巴巴的。

奇奇

我明明是按照放电影法拆解的动作，然后用动作连贯法写的呀！

神秘老师

奇奇，你遇到了一个初学者最容易遇到的问题，那就是描写不生动。你瞧丰子恺先生在描写动作时，是怎么写的？

端端正正地坐在稿纸上……

它竟盘拢身体，身体仿佛一堆牛粪……
迅速地爬上贵客的背脊……
端端正正地坐在他的后颈上……

怎么样，发现不同了吗？作者在描写猫伯伯的动作时，频繁使用副词修饰动词，运用修辞手法增强动作的生动性。副词简单来说就是动词的化妆师，能把动词变得更好看、更有趣。

所以我们在描写小动物的动作时，多使用副词修饰动词，多运用修辞手法增强动作的生动性。并且可以使用连词，增加动作的连贯性。

妙妙

我知道连词，比如"先""首先""第一""然后""接着""其次""最后""最终"，等等。

奇奇

我好像懂了，我现在就改一改：

咪咪发现了毛线球，它首先弓起后背，两眼直勾勾地盯着毛线球，接着后腿迅速一蹬，像支箭一样冲了出去，最后前腿用力一扑，按住了毛线球。

神秘老师

奇奇这次写得很不错呀，看来你已经掌握动作连贯法了。

写作练笔

同学们，今天我们学习了《阿咪》这篇文章，从中总结出了动作连贯法，你学会了吗？让我们动笔试一试吧！

1. 观察小猫或者小狗打哈欠的动作。
2. 用放电影法将打哈欠的动作拆解。
3. 用动作连贯法将打哈欠的动作描写出来。

老师/家长点评

名篇欣赏

蝉与纺织娘（节选）

▲ 郑振铎

你如果有福气独自坐在窗内，静悄悄的没一个人来打扰你，一点钟，两点钟地过去，那么在这静境之内，你便可以听到那墙角阶前的鸣虫的奏乐。

虫之乐队，因季候的关系而颇有不同，夏天与秋令的虫声，便是截然的两样。蝉之声是高旷的，享乐的，带着自己满足之意的；它高高地栖在梧桐树或竹枝上，迎风而唱，那是生之歌，生之盛年之歌，那是结婚曲，那是中世纪武士美人的大宴时的行吟诗人之歌。无论听了那叽——叽——的曼长声，或叽格——叽格——的较短声，都可同样地受到一种轻快的美感。

秋虫的鸣声最复杂，但无论纺织娘的咭嘎、蟋蟀的唧唧、金铃子之叮令，还有无数无数不可名状的秋虫之鸣声，其音调之凄抑却都是一样的；它们唱的是秋之歌，是暮年之歌，是薤（xiè）露之曲。它们的歌声，是如秋风之扫落叶，怨妇之奏琵琶，孤峭而幽奇，清远而凄迷，低徊而愁肠百结。你如果是一个孤客，独宿于荒郊逆旅，一盏荧荧的油灯，对着一张板床、一张木桌、一二张硬板凳，再一听见四壁唧唧知知①的虫声间作，那你今夜便不用再想稳稳地安睡了，什么愁情、乡思，以及人生之悲感，都会一串一串地从根儿勾引出来，在你心上翻来覆去，如白老鼠在戏笼中走轮盘一般，一上去便不用想下来憩息。

我在山中，每天听见的只有蝉声，鸟声还比不上。那时天气是很热，即在山上，也觉得并不凉爽。正午的时候，躺在廊前的藤榻上，要求一点的凉风，却见满山的竹树梢头，一动也不动，看看足底下的花草，也都静静地站着，如老僧入了定似的。风扇之类既得不到，只好不断地用手巾来拭汗，不断地在摇挥那纸扇了。在这时候，往往有几缕的蝉声在槛外鸣奏着。闭了目，静静地听了它们在忽高忽低，忽断忽续，

---

① 此处说法依照作者原文，现行规范说法为"唧唧吱吱"。

此唱彼和，仿佛是一大队绝清幽的乐队在那里奏着绝清幽的曲子，炎热似乎也减少了，然后，蒙眬地蒙眬地睡去了，什么都不觉得。良久，良久，清梦醒来时，却又是满耳的蝉声。山中的蝉真多！

名家 介绍

郑振铎（1898—1958），原名木官。中国作家、文学史家。著有短篇小说集《取火者的逮捕》以及《插图本中国文学史》《中国俗文学史》等；编有《中国版画史图录》《中国古本戏曲丛刊》等。

名家写作课

神秘老师 **妙妙** **奇奇**

老师，我最近遇到了一个问题。在写作文时，我总感觉描写动物和抒情是分割开的，怎么才能把它们融合在一起呢？

这个问题很常见，我们今天通过分析郑振铎先生的《蝉与纺织娘》这篇文章，来学习一种把情感融入所描写的动物之中的方法——**融情于物法**。

融情于物，听起来像是把情感融合到事物之上。

没错，运用融情于物的写法不仅能解决描写和抒情割裂的问题，而且还能让文辞优美，增添文章的文采。接下来我们通过分析《蝉与纺织娘》这篇文章具体介绍一下这种写法。

节选的这部分内容，主要描写了虫鸣。第二自然段开头的"夏天与秋令的虫声，便是截然的两样"属于总起句，后边分别描写了夏天和秋天的虫鸣的不同。

没错，大家注意看一下，夏天和秋天的虫鸣有哪些不同？作者又是如何表现的？

夏天的虫鸣主要是蝉的叫声，"高旷的，享乐的，带着自己满足之意的"三个形容词把作者对蝉鸣的感受写得很清楚，让人一下子就联想到夏季蝉鸣带来的振奋感。随后又描写了蝉叫的动作，"高高地栖在梧桐树或竹枝上，迎风而唱"，"高高""迎风"两个词把蝉叫的时候那种旺盛的生命力描写得栩栩如生。

奇奇总结得很到位。后面作者写道"中世纪武士美人的大宴时的行吟诗人之歌""同样地受到一种轻快的美感"，运用类比的写法，把蝉鸣和行吟诗人的歌唱进行类比，把作者对于生命的赞美融入其中。

这么一分析，我忽然觉得作者写的不是蝉鸣，更像是一首大自然的赞美诗。

这就是融情于物的妙处。接下来，作者描写了秋天的虫鸣，有什么特点呢？

作者分别描写了纺织娘、蟋蟀和金铃子几种昆虫的叫声，"秋之歌，是暮年之歌，是薤露之曲"这句话直接给秋虫的鸣声定了基调，随后运用比喻的手法，把秋虫的鸣声比作"秋风之扫落叶""怨妇之奏琵琶",凸显出了秋虫的鸣声"孤峭而幽奇,清远而凄迷,低徊而愁肠百结"的特点。

作者在这里运用了比喻的修辞手法,就像妙妙说的那样,通过比喻将作者对秋日的"寂寥"之情融入虫鸣中,非常巧妙。最后一个自然段,作者营造了一种夏日闷热的情境,把蝉鸣描写成热浪中的清凉曲调,不仅调和了夏日的炎热,还给作者带来了"绝清幽"的畅快。这是融情于物的典型描写。

老师,通过您的分析,我也体会到了。本来非常普通的虫鸣描写,作者却能把自己对叫声的感受融入描写之中,借虫鸣抒发内心深处的情感。

奇奇说得很好。我们在描写小动物进而表达情感的时候,也要试着把情感和描写融合起来,这样就不会出现妙妙说的那种情况了。

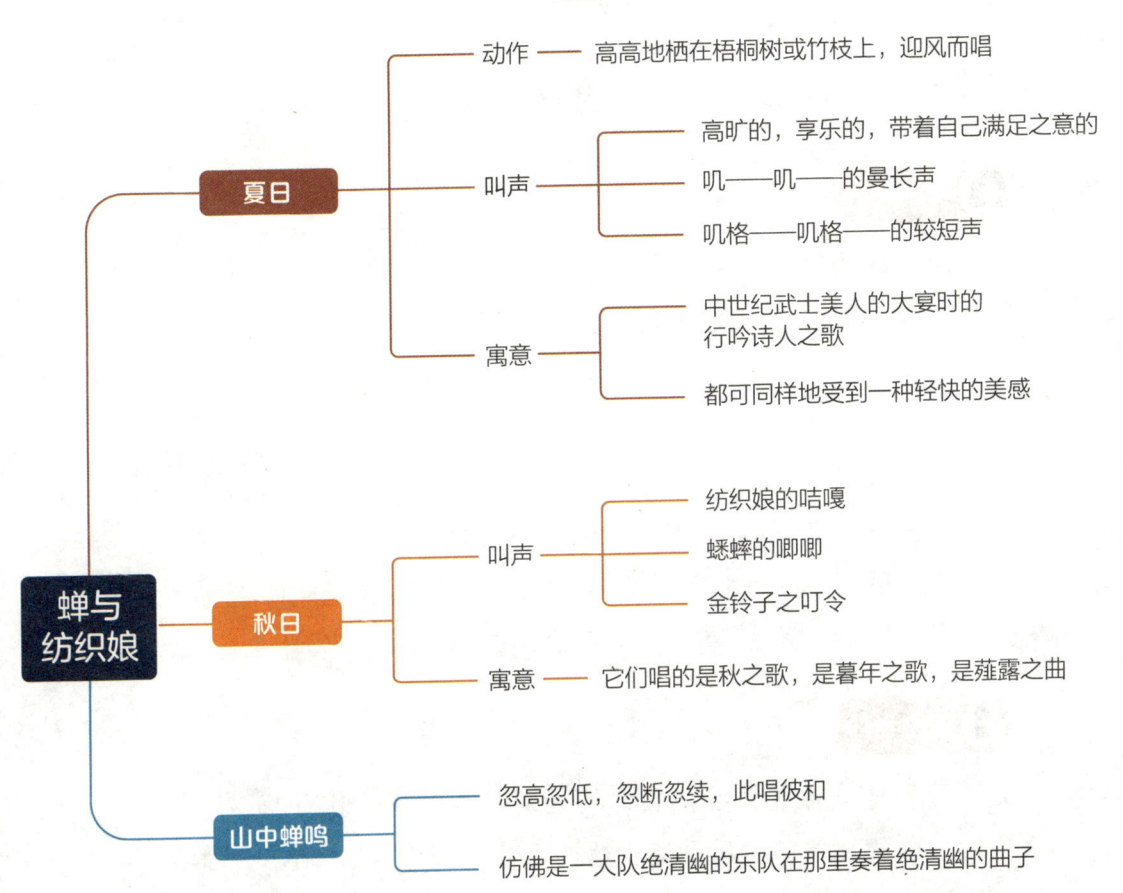

蝉与纺织娘

- **夏日**
  - 动作 —— 高高地栖在梧桐树或竹枝上，迎风而唱
  - 叫声
    - 高旷的，享乐的，带着自己满足之意的
    - 叽——叽——的曼长声
    - 叽格——叽格——的较短声
  - 寓意
    - 中世纪武士美人的大宴时的行吟诗人之歌
    - 都可同样地受到一种轻快的美感

- **秋日**
  - 叫声
    - 纺织娘的咭嘎
    - 蟋蟀的唧唧
    - 金铃子之叮令
  - 寓意 —— 它们唱的是秋之歌，是暮年之歌，是薤露之曲

- **山中蝉鸣**
  - 忽高忽低，忽断忽续，此唱彼和
  - 仿佛是一大队绝清幽的乐队在那里奏着绝清幽的曲子

写作加油站

一、思路点拨

神秘老师

通过学习《蝉与纺织娘》这篇文章，我们知道融情于物的意思是把情感融入所写的事物里面。融情于物和借物抒情方式不同，你们知道它们的区别吗？

奇奇

我来说说。借物抒情是因为看到某种事物，进而产生了某种情感，然后借助描写事物抒发出来。而融情于物，是本来就有某种情感想要表达，然后通过描写事物抒发出来。

神秘老师

奇奇总结得很精准，它们的区别就在这里。比如描写小动物的文章，运用融情于物的写法，首先有某种情感要表达，内心产生了什么感悟，或被一件小事感动等。然后通过各种表达技巧，比如运用修辞手法等，把情感和所描写的动物相互融合，融情于物就完成啦。

妙妙

在描写动物的时候，如果描写中蕴含着情感，就会增强感染力。

神秘老师

是这样的。无论哪篇文章，描写都只能展现动物的客观样貌，让读者知道它是什么样的。只有融入了情感，才能赋予所描写的动物丰富的内涵，让读者感受到动物样貌之外的内容。

二、技法指导

奇奇

老师，运用融情于物的写法写作文，有没有具体的方法呢？

神秘老师

融情于物的类型一般有两种：

1. 少修辞，细描写。这种方法比较考验描写的能力。只依靠细致的描写就把情感融入所描写的事物中，而比较少用修辞。老舍先生的文章偏向于这类风格，他善于用朴实的语言把生活中的事物描写得生动有趣。

2. 多修辞，细描写。这种方法比较考验想象力。因为不仅需要有条理、细致地描写事物的特点，而且还要运用拟人、比喻、夸张、通感等复杂修辞修饰词句。朱自清先生的文章偏向于这类，文辞华丽，意境深远。

奇奇

看起来第一种比较简单。

妙妙

奇奇,你说错啦。我们平时写作文运用大量的描写,不也是很平淡吗?由此可见第一种很难驾驭。第二种只要用好了修辞,写出的文章就有真情实感。

神秘老师

妙妙说对啦。越是平淡无奇的语言,越难驾驭。所以我建议大家平常写作文的时候,还是要多用修辞。通过运用修辞,融情感于所描写的小动物,来表达对小动物的喜爱之情。

妙妙

老师,我们都会运用修辞,但怎么融情感于所描写的小动物呢?

神秘老师

老师给大家分享一种方法叫作换位思考法。换位思考法使融情于物的写法运用起来比较容易,意思是把所描写的小动物当成自己来写,融自己的情感于所描写的小动物。

奇奇

我没有听懂。

神秘老师

没关系,我们拿描写小猫举例。小猫走路的样子,大家怎么描写呢?

妙妙

小奶猫走起路来左右摇摆,像喝醉了酒似的!

奇奇

小猫高高地翘起尾巴,神气地巡视着自己的领地。

神秘老师

大家都运用了修辞手法来描写小猫,虽然也很不错,但缺乏了感情。你们运用了修辞手法但并没有把小猫当成自己来写。假如运用换位思考法,融自己的情感于小猫,可以这么写:

小猫缓缓伸展柔软的四肢,抬起脚感受着生命的律动,和着无声的节拍,走起了优雅的步伐,仿佛在舞台上表演一般。

妙妙

如果老师不说,我都觉得描写的不是小猫,而是模特!

奇奇

字里行间充满了对小猫的赞美和喜爱之情，确实比我们写的好太多啦！

神秘老师

以后大家想运用融情于物的写法来描写小动物，要注意以下步骤：

1. 运用换位思考法，把小动物当成自己来写。
2. 用拟人、比喻等修辞把小动物的一举一动形象化。
3. 用带有自身情感的词汇描写小动物。

写作练笔

同学们,通过今天的学习,你掌握融情于物的写法了吗?快拿起笔写一写吧!

1. 仔细观察某个动物的特点。
2. 试着运用融情于物的写法,写一篇表达对小动物喜爱之情的文章。

老师/家长点评

名篇欣赏

猫（节选）

▲ 郑振铎

冬天的早晨，门口蜷伏着一只很可怜的小猫。毛色是花白，但并不好看，又很瘦。它伏着不去。我们如不取来留养，至少也要为冬寒与饥饿所杀。张妈把它拾了进来，每天给它饭吃。但大家都不大喜欢它，它不活泼，也不像别的小猫之喜欢顽游，好像是具着天生的忧郁性似的，连三妹那样爱猫的，对于它，也不加注意。有一天，它因夜里冷，钻到火炉底下去，毛被烧脱好几块，更觉得难看了。

春天来了，它成了一只壮猫了，却仍不改它的忧郁性，也不去捉鼠，终日懒惰地伏着，吃得胖胖的。

这时，妻买了一对黄色的芙蓉鸟来，挂在廊前，叫得很好听。妻常常叮嘱着张妈换水，加鸟粮，洗刷笼子。那只花白猫对于这一对黄鸟，似乎也特别注意，常常跳在桌上，对鸟笼凝望着。

妻道："张妈，留心猫，它会吃鸟呢。"

张妈便跑来把猫捉了去。隔一会儿，它又跳上桌子对鸟笼凝望着了。

一天，我下楼时，听见张妈在叫道："鸟死了一只，一条腿被咬去了，笼板上都是血。是什么东西把它咬死的？"

我匆匆跑下去看，果然一只鸟是死了，羽毛松散着，好像它曾与它的敌人挣扎了许久。

我很愤怒，叫道："一定是猫，一定是猫！"于是立刻便去找它。

妻听见了，也匆匆地跑下来，看了死鸟，很难过，便道："不是这猫咬死的还有谁？它常常对鸟笼望着，我早就叫张妈要小心了。张妈！你为什么不小心？"

张妈默默无言，不能有什么话来辩护。

于是猫的罪状证实了。大家都去找这可厌的猫，想给它以一顿惩戒。找了半天，却没找到。真是"畏罪潜逃"了，我认为。

三妹在楼上叫道："猫在这里了。"

它躺在露台板上晒太阳，态度很安详，嘴里好像还在吃着什么。我想，它一定是在吃着这可怜的鸟的腿了，一时怒气冲天，拿起楼门旁倚着的一根木棒，追过去打了一下。它很悲楚地叫了一声"咪呜"便逃到屋瓦上了。

我心里还愤愤的，以为惩戒得还没有快意。

隔了几天，李妈在楼下叫道："猫，猫！又来吃鸟了。"同时我看见一只黑猫飞快地逃过露台，嘴里衔着一只黄鸟。我开始觉得我是错了！

我心里十分地难过，真的，我的良心受伤了，我没有判断明白，便妄下断语，冤枉了一只不能说话辩诉的动物。想到它的无抵抗的逃避，益使我感到我的暴怒、我的虐待，都是针，刺我良心的针！

我很想补救我的过失，但它是不能说话的，我将怎样地对它表白我的误解呢？

两个月后,我们的猫忽然死在邻家的屋脊上,我对于它的亡失,比以前的两只猫的亡失,更难过得多。

我永无改正我的过失的机会了!

自此,我家永不养猫。

名家写作课

神秘老师　妙妙　奇奇

同学们，你们知道写文章的目的是什么吗？

文章写好了，说明我有才华，别人都会佩服我！

奇奇，你太狭隘了。写文章是为了表达自己的情感！

妙妙说得没错。文章是作者思想的延伸，名家们几乎不会单纯地描写一只小猫、一棵白杨树。作者写这些描写动植物的文章，一定是想要表达某种情感。

什么意思呀？

没听懂没关系，今天我们一起学习一下郑振铎先生的《猫》，看看作者是如何表达情感的。由于文章比较长，我们只节选最后一部分。

这篇文章节选的部分写的是作者冤枉小猫咬死了芙蓉鸟，打了它一棒子。最后得知"凶手"不是小猫之后，作者十分后悔，心里好像针扎一样。

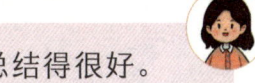

妙妙总结得很好。

可是我有点儿看不懂，这篇文章既没有全面描写小猫的外形特点，也没有描写小猫的与众不同之处，开头写小猫"可怜""不好看"，看到结尾发现也不是欲扬先抑。老师，这篇文章我们要学什么呢？

奇奇提出了一个很关键的问题。作者似乎并没有运用我们之前学过的技巧。至于作者运用了什么写法，我们一步步来分析。节选部分写了一件事。我们把这件事分成三个部分，第一、二自然段为开头，第三至十三自然段为经过，第十四至二十自然段为结尾。你们分别总结一下三个部分的主要内容。

我先说，开头部分写的是作者一家在冬天发现了一只可怜的小猫，把它收养回来。由于小猫不活泼，家里人不太喜欢它。

经过部分写的是，一只芙蓉鸟死了，家里人没有调查，被"猫吃鸟"的常识以及猫总是盯着鸟看这两点误导，认为是小猫咬死了鸟，为此打了它。

结尾部分写的是，几天后，家人发现一只黑猫是凶手，大家才知道冤枉了小猫，可是两个月后小猫死了。作者非常后悔。

很好。通过三部分内容的总结，你们发现这三个部分有什么区别了吗？

我好像发现了不同。前两个部分是记叙，记叙了一件事，最后一部分不是记叙，是由前面的事情引发的议论和感慨。

妙妙点到了关键之处。奇奇，你懂了吗？作者在这篇文章里，没有运用我们之前学的技巧，而是运用了一种表达情感的方式，我们可以把它叫作"议论抒情"。简单来说，就是先记叙关于小动物的一件事，然后通过评论这件事而表达一种特殊的情感。在这篇文章里，作者就通过评论冤枉小猫这件事，表达了自己的后悔和惭愧。

原来是这样呀，我明白了。也就是说，我想表达对我家小狗的喜爱，也可以前边写一个关于小狗的故事，然后再评论一下这个故事，从而表达对小狗的喜爱之情。

看来你已经领悟了"议论抒情"的写法。我们最后总结一下这篇文章的思路吧。

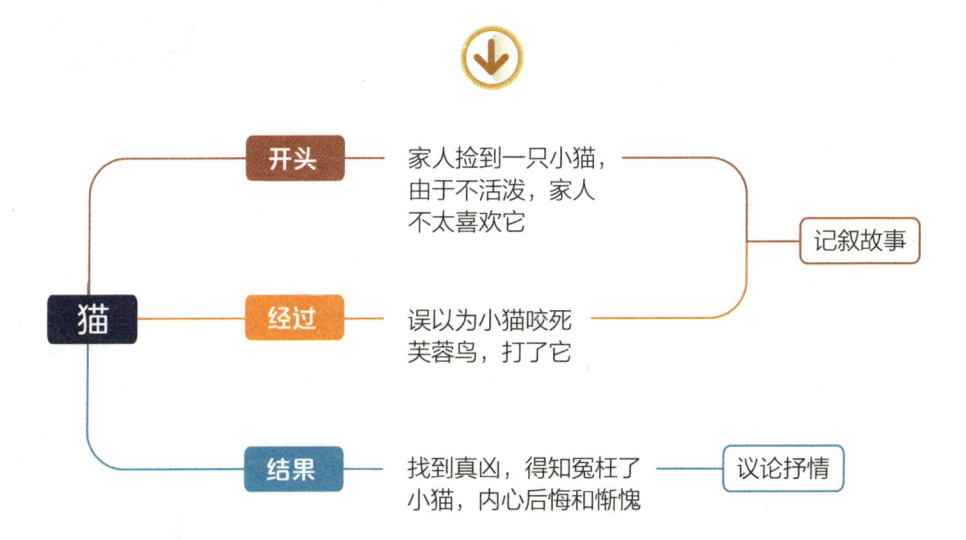

猫
- 开头 —— 家人捡到一只小猫，由于不活泼，家人不太喜欢它 ——┐
- 经过 —— 误以为小猫咬死芙蓉鸟，打了它 ——————————————— 记叙故事
- 结果 —— 找到真凶，得知冤枉了小猫，内心后悔和惭愧 —— 议论抒情

写作加油站

一、思路点拨

奇奇

老师，文章结尾为什么要表达情感呢？我只讲一个小故事不行吗？

神秘老师

当然没问题啦。不过相较于记叙故事并议论抒情的文章，单纯记叙故事的文章会显得内容很单薄。

妙妙

奇奇，难道你喜欢别人说你的文章内容很单薄吗？我可不喜欢，我想像大作家那样，写出内容充实的文章，这样才能感染读者，引起共鸣。

奇奇

哦，原来是这样，那我懂了。

神秘老师

妙妙讲得很好，借助议论表达情感，就是要感染读者。把自己从生活中得到的感悟分享给读者，这样，别人通过读文章就能体会多种多样的生活。说到借助议论表达感情，其实可以总结成一种技巧——结尾升华。

奇奇

文章还能升华呀，我只听说过干冰升华！

神秘老师

哈哈，你说的是物理现象，我说的是文章理念。升华的意思，就是扩大作品所叙事件的意义，提高主题的容量，使文章的意旨能够进入一个更加开阔、更加高远的境界的手段和过程。比如郑振铎先生的这篇文章，通过冤枉猫咬死了鸟这件事，作者表面上表达了冤枉小猫的后悔和惭愧，实际上表达了善待生命、同情弱小的情怀。

妙妙

经过老师这么一分析，这篇文章从简单描写小动物，上升到了善待生命、同情弱小的层面，的确是升华了。

奇奇

没想到文章还能这么写呀！

二、技法指导

奇奇

老师，我也想变得像郑振铎先生这么厉害，要怎么让文章的结尾升华呢？

神秘老师

别着急,我们慢慢说。文章结尾升华常用的方法有三种:

1. 议论抒情。通过讲述一件小事,结尾对这件事进行议论,表达某种情感。

今天我们学的这篇文章就属于这一种。

2. 直接抒情。在文章结尾,直接表达自己的看法和情感。

在描写小动物的时候,无论运用何种写法,都可以在结尾直接表达情感,一般使用感叹句直接抒情的句子往往也是文章的中心句。

妙妙

这种方法我好像用过。上次作文课,我写了一篇关于小猴子的文章。内容是:我们一家人去动物园看猴子,我看到一只母猴子从游客那里得到了很多食物,有面包,有香肠。但它自己没有吃,而是跑回去,先给自己的孩子吃。这件事让我很受感动,所以结尾我写道:

"猴妈妈对小猴子的爱,不正像妈妈对我的爱吗?原来无论是人类还是动物,母爱永远是最伟大、最无私的!"

神秘老师

妙妙的悟性很高呀,这个结尾使文章主题得到了升华。如果不加这个结尾,我相信你写的小猴子一定特别可爱。但加上这个结尾,直接提升了文章的档次,让读者读完之后产生同样的感悟,进而认真思考母爱的伟大。这就是文章的感染力。

奇奇

妙妙作文的结尾写得真妙,我也要学会这种方法。

神秘老师

最后再说说第三种方法。

3. 以小见大。通过描写生活中的一件小事揭示某个大主题。

这种方法一般用于说明道理的作文,在抒情类作文中不常见。比如,某天带小狗出去散步,小狗随地大小便。这是一件小事,但作者由这件小事引出保护环境的大主题。这就是通过描写生活中的一件小事揭示某个大主题的典型例子。

写作练笔

同学们，通过今天的学习，你掌握结尾升华的写作方法了吗？结尾升华，能让文章上升一个高度，让人眼前一亮。快来动笔写一写吧！

1. 回想以前生活中，和某个小动物有关联的故事。
2. 对这个故事，你有哪些感悟？

老师/家长点评

名篇欣赏

猫（节选）

▲夏丏尊

白马湖新居落成，把家眷迁回故乡的后数日，妹就携了四岁的外甥女，由二十里外的夫家雇船来访。自从母亲死后，兄弟们各依了职业迁居外方，于是兄弟们回故乡的机会就少。这次相见，彼此既快乐又酸辛。

兄妹且饮且谈，嫂也在旁羼（chàn）着。

忽然，天花板上起了嘈杂的鼠声。

"新造的房子，老鼠就这样多吗？"妹惊讶了问。"你记得从前老四房里有一只好猫罢。我们那只猫，就是从老四房讨去的小猫。"

老四房里的那只猫向来有名。最初的老猫，是曾祖在世时，就有了的，白地，小黄黑花斑，毛色很嫩，望上去像上等的狐皮"金银嵌"。自迁居他乡，十年来久不忆及了，妹家现在所养的，不知已是最初老猫的几世孙了。家道中落以来，田产室庐大半荡尽，而曾祖时代的猫，尚间接地在妹家留着种子，这真是一种不可思议的缘，值得叫人无限感兴的了。

妹去后，全家多了一个猫的话题。最性急的自然是小孩，我心里也对于那与我家一系有二十多年历史的猫，怀着迫切的期待，巴不得妹——猫快来。

猫被送来，已是妹第二次回去后半月光景的事。

猫确是金银嵌，虽然产毛未褪，黄白还未十分夺目，尽足依约地唤起从前老四房里的小伴侣的印象。"尼亚尼亚"的叫声，和"咪咪"的呼叫声，在一家中起了新气氛，在我心中却成了一个联想过去的媒介，想到儿时的趣味，想到家况未中落时的光景。

与猫同来的，总以为不成问题的妹的病消息，一二日后竟由沉重而至于危笃，终于因恶性疟疾引起了流产，遗下未足月的女孩儿弃去这世界了。

一家人参与丧事完毕从丧家回来，一进门就听到"尼亚尼亚"的猫声。

"这猫真不利，它是首先来报妹妹的死信的！"妻见了猫叹息着说。

"把它关在伙食间里，别放它出来！"我一边说一边懒懒地走入卧室睡去。我实在已怕看这猫了。

从此以后，这小小的猫在全家成了一个联想死者的媒介，特别的在我，这猫所暗示的新的悲哀的创伤，是用了家道中落等类的怅惘包裹着的。

名家 介绍

夏丏尊（1886—1946），原名铸。中国作家、出版家。著有散文集《平屋杂文》，并译有意大利亚米契斯的《爱的教育》。

名家写作课

神秘老师　**妙妙**　**奇奇**

妙妙： 老师，我最近读了很多描写小动物的名作，夏丏尊先生的《猫》给我留下了深刻印象。

神秘老师： 那你从这篇文章里学到了什么写作方法吗？

妙妙： 我有点儿看不懂。这篇文章的题目明明是猫，文章里也有对小猫的描写，但读完了之后，感觉夏丏尊先生不是在写猫，而是在写他自己。

神秘老师： 不错呀妙妙，这说明你在这篇文章里发现了一种特别的写作方法。今天我们就一起来分析一下吧。这篇文章有点儿长，我们节选了一部分。奇奇，你来总结一下节选文章的内容吧。

奇奇： 没问题。原文写的是作者的妹妹一家来做客，由于兄弟们各依了职业迁居外方，兄妹之间很久没来往了，所以对这次的聚会非常感慨。聚会过程中谈到了小时候家里养的一只猫，妹妹告诉"我"，那只猫的后代还在，生了很多，孩子们吵着要一只。过了很久妹妹才把猫送过来，勾起了"我"对于老房子和老家的很多回忆。不久之后，妹妹染病去世了。以后每次听到猫叫，"我"都觉得很悲伤。

奇奇总结得很全面。纵观整篇文章，我们发现对于小猫外形、性格以及生活习性等写得很少，只有"猫确是金银嵌，虽然产毛未褪，黄白还未十分夺目"这一句。剩下的全都是作者家里的人和事，大家找一找，都写了哪些事情吧！

我找到一件，"自从母亲死后，兄弟们各依了职业迁居外方"，说的是一家人分散了很久没有见面了。还有，从"老四房里的那只猫向来有名""家道中落以来"可以看出，作者和妹妹见面之后，回忆起了过去，家里以前很富裕，一家人住在大房子里。

妙妙讲的都是过去的事，"现在"也发生了一件事，那就是新居落成后作者的妹妹和他第二次相见不久之后就去世了。

你们找的都正确。那老师提出一个疑问，这三件事本来没有什么必然的联系，作者是用什么联系起来的呢？

我知道了，是猫！

没错。妙妙刚才提出了一个疑问，这篇文章标题是猫，文章里也写了一些猫的事，为什么读到最后觉得作者不是在写猫，而是在写自己呢？原因就在这里了。这篇文章里，猫并不是主角，它只是一条线索，一条把你们刚才找到的三件事情串联起来的线索。

线索？我明白了，就像福尔摩斯探案一样，如果没有线索，这几件事之间没有任何联系。但有了猫这条线索，所有的事情就能串联起来了。

奇奇的比喻很恰当，就是这样。因为妹妹的来访，从房子里的老鼠谈到了猫，从猫谈到了过去家里养的"金银嵌"，进而联想到了曾祖和老房子。现在的"窘境"与过去的富裕生活形成了鲜明的对比，作者对此感慨万分。随后妹妹提出送一只猫，然而猫来了没几天，妹妹就去世了。猫成为联想死者的媒介。最后，文章以作者对猫的感慨结束全文，猫这一媒介承载着亲人离散的悲伤和家道中落的怅惘。

这是上次我们学到的直接抒情。原来，作者表面上是写猫，实际上是把猫当成线索，将过去的经历和现在的遭遇串联起来，用来抒发感情的呀！

没错。**这种借助描写客观事物来抒发情感的方法就是借物抒情。** 最后，我们一起来总结一下文章的思路吧！

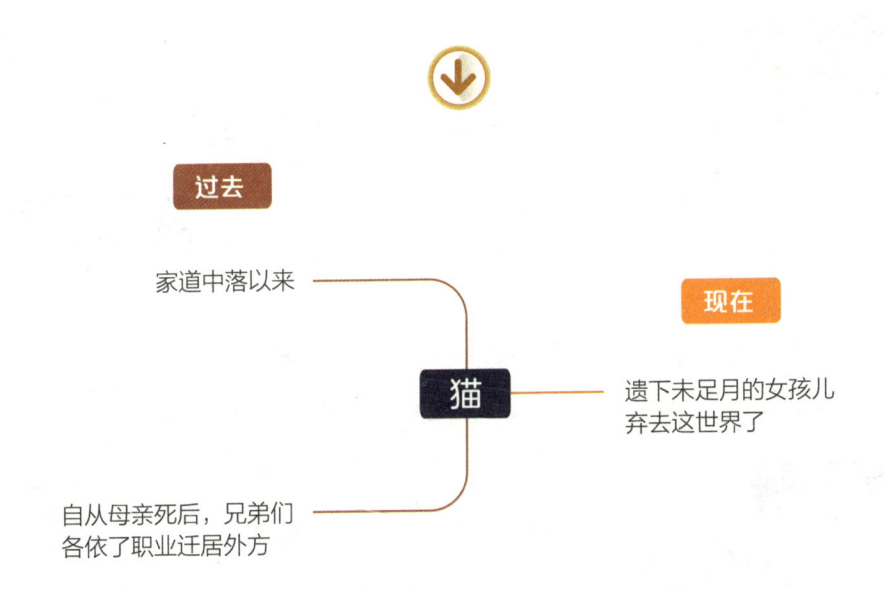

过去

家道中落以来 ——

猫

自从母亲死后，兄弟们各依了职业迁居外方

现在

—— 遗下未足月的女孩儿弃去这世界了

写作加油站

一、思路点拨

妙妙

老师，运用借物抒情的方法描写小动物，有什么秘诀吗？

神秘老师

当然有啦。借物抒情最重要的原则是：

所描写的小动物一定要和记叙的事情、描写的人有关联。描写的小动物和作者要表达的情感一定要有内在的联系。

奇奇

听起来好复杂呀！

神秘老师

我来举个例子吧！小明最喜欢乡下的爷爷了，由于上学很长时间没有回乡下看爷爷，于是想写一篇文章来抒发对爷爷的思念之情。于是小明想到了爷爷家养的小黄狗，就写了很多发生在自己与小黄狗之间的故事，比如和它一起追兔子，一起跑上山，一起去河里游泳，等等。

奇奇

听起来就很有趣，我觉得这么写，文章一定很不错。

妙妙

不对,我觉得这些故事有问题。这么写的话,和爷爷有什么关系呢?

神秘老师

妙妙发现了关键问题。虽然小明写的这些故事很有趣,但和他想要表达的对爷爷的思念之情没有关系。妙妙,如果让你来写,你会怎么写呢?

妙妙

我会写和爷爷一起给小黄狗喂食,和爷爷一起带着小黄狗追兔子。

奇奇

我明白了,虽然文章依然是写的是"我"和小黄狗一起玩的故事,但由于有了爷爷的参与,实际上是借助小黄狗,把"我"和爷爷一起做的事情串联起来了。

神秘老师

没错。

二、技法指导

妙妙

那么,运用借物抒情的写法写文章时,有没有具体的方法可以参考呢?

神秘老师

当然有啦。**方法主要有两种:**
1. 自然抒情。
2. 比喻抒情。

奇奇

自然抒情是要借助大自然抒情吗?

神秘老师

不是的。

自然抒情是指自然而然地把小动物和想要描写的人和事物关联起来,借小动物抒发情感。

这种借物抒情直接而简单,今天我们学的这篇《猫》就是如此。文章里提到的事情都是作者的亲身经历,关于猫的故事也是真实存在的。当这一切正在发生的时候,作者自然而然地就把猫和遭遇关联起来,借猫抒发情感。

妙妙

那比喻抒情呢？感觉像是运用比喻手法抒情。

神秘老师

答对了一半！

比喻抒情是指把某种人比喻为所描写的事物，由此来抒发情感。

比如想要赞美清洁工勤勤恳恳地劳动，让城市变得更加整洁，我们可以借助描写老黄牛，来赞美勤劳的清洁工，进而抒发对他们的赞美之情。

奇奇

用这种方法，感觉比直接赞美清洁工叔叔阿姨们高级多了呢！

神秘老师

没错。通过今天的学习，大家要记住在描写小动物时，尝试表达一下自己的感情，会让文章更加出彩。

写作练笔

同学们，通过今天的学习，你掌握借物抒情的方法了吗？尝试着自己写一写吧！

1. 如果家里有小宠物，回想一下发生在家人和小宠物之间的故事。
2. 如果家里没宠物，可以搜集资料，找一找关于某种小动物的故事。
3. 把这些事情通过小动物串联起来，能表达哪些情感？

老师/家长点评

名篇欣赏

小麻雀（节选）

▲老 舍

雨后，院里来了个麻雀，刚长全了羽毛。它在院里跳，有时飞一下，不过是由地上飞到花盆沿上，或由花盆上飞下来。看它这么飞了两三次，我看出来：它并不会飞得再高一些，它的左翅的几根长翎拧在一处，有一根特别的长，似乎要脱落下来。我试着往前凑，它跳一跳，可是又停住，看着我，小黑豆眼带出点要亲近我又不完全信任的神气。我想到了：这是个熟鸟，也许是自幼便养在笼中的。所以它不十分怕人。可是它的左翅也许是被养着它的或别个孩子给扯坏，所以它爱人，又不完全信任。想到这个，我忽然很难过。一个飞禽失去翅膀是多么可怜。这个小鸟离了人恐怕不会活,可是人又那么狠心,伤了它的翎羽。它被人毁坏了,却还想依靠人,多么可怜!它的眼带出进退为难的神情,虽然只是那么个小而不美的小鸟,它的举动与表情可露出极大的委屈与为难。它是要保全它那点生命,而不晓得如何是好。对它自己与人都没有信心,而又愿找到些倚靠。它跳一跳,停一停,看着我,又不敢过来。

　　我想拿几个饭粒诱它前来,又不敢离开,我怕小猫来扑它。可是小猫并没在院里,我很快地跑进厨房,抓来了几个饭粒。及至我回来,小鸟已不见了。我向外院跑去,小猫在影壁前的花盆旁蹲着呢。我忙去驱逐它,它只一扑,把小鸟擒住!被人养惯的小麻雀,连挣扎都不会,尾与爪在猫嘴旁耷拉着,和死去差不多。瞧着小鸟,猫一头跑进厨房,又一头跑到西屋。我不敢紧追,怕它更咬紧了,可又不能不追。虽然看不见小鸟的头部,我还没忘了那个眼神。那个预知生命危险的眼神。那个眼神与我的好心中间隔着一只小白猫。来回跑了几次,我不追了。追上也没用了,我想,小鸟至少已半死了。猫又进了厨房,我愣了一会儿,赶紧地又追了去;那两个黑豆眼仿佛在我心内睁着呢！进了厨房，猫在一条铁筒——冬天升火①通烟用的，春天拆下来便放在厨房的墙角——旁蹲着呢。小鸟已不见了。铁筒的下端未完全扣在地上，开着一个不小的缝儿，小猫用脚往里探。我的希望回来了，小鸟没死。小猫本来才四个来月大，还没捉住过老鼠，或者还不会杀生，只是叼着小鸟玩一玩。正在这么想，小鸟，忽然出来了，猫倒像吓了一跳，往后躲了躲。小鸟的样子，我一眼便看清了，登时使我要闭上了眼。小鸟几乎是蹲着，胸离地很近，像人害肚痛蹲在地上那样。它身上并没血。身子可似乎是蜷在一块，非常的短。头低着，小嘴指着地。那两个黑眼珠！非常的黑，非常的大，不看什么，就那么顶黑顶大地愣着。它只有那么一点活气，都在眼里，像是等着猫再扑它，它没力量反抗或逃避；又像是等着猫赦免了它，或是来个救星。生与死都在这俩眼里，而并不是清醒的。它是糊涂了，昏迷了；不然为什么由铁筒中出来呢？可是，虽然昏迷，到底有那么一点说不清的，生命根源的，希望。

---

① 此处说法依照作者原文，现行规范说法为"生火"。

名家写作课

神秘老师　妙妙　奇奇

老师，我前两天读了老舍先生的《小麻雀》这篇散文。读完之后，我总感觉老舍先生表面上写的是小麻雀，但文字背后还有其他含义，不过我一直没想通。

奇奇，你的阅读能力和鉴赏能力提高了不少呀！至于文字背后还有什么含义，我们一起来从文章中找答案吧。

这篇文章写的是：作者发现了一只翅膀被弄坏的小麻雀，小麻雀不能飞了，想从作者这里讨点吃的。小麻雀后来被猫抓走了，差点被咬死。小麻雀的遭遇引发了作者深深的共鸣。

妙妙总结得不错。尤其是最后"引发了作者深深的共鸣"，的确如此。我们先来看第一自然段。第一自然段写的是作者发现小鸟的过程。"我试着往前凑，它跳一跳，可是又停住"，**小麻雀先跳，说明它害怕，又停住，说明它想亲近作者**。为什么产生这么矛盾的心理呢，答案在它的翅膀上。

"它的左翅的几根长翎拧在一处，有一根特别的长，似乎要脱落下来"这句说明小麻雀受过伤，后文"被养着它的或别个孩子给扯坏"揭示了原因。由于小麻雀是被人养着的，对人亲近。又因为它被人迫害过，所以又怕人。这就是它见到作者过来，跳开之后又停下的原因。

所以小麻雀才会有"要亲近我又不完全信任的神气"，作者对小麻雀神态的描写太传神了。

是这样的。第二自然段写的是小麻雀被猫抓住咬伤和作者救助小麻雀的过程。"被人养惯的小麻雀，连挣扎都不会"生动地展现了弱小的麻雀在强大的猫面前是多么的无助，干脆放弃了抵抗。然而当小麻雀藏在铁筒里躲过一劫，作者正在为它庆幸时，"小鸟，忽然出来了，猫倒像吓了一跳，往后躲了躲"，别说猫，就连作者都吃惊。

我懂了，这是小鸟最后的挣扎。它虽然打不过猫，弱小无助，但它内心很强大。

没错。分析到这里，大家发现了吗？作者表面写的是麻雀，其实是把麻雀比喻为旧时代弱势的普通百姓，而饲养它的人就是残暴的坏人，猫是对坏人阿谀奉承的人。

怪不得作者从头到尾都在写小麻雀小黑豆似的眼睛，起初是"进退为难的神情"，接着是"预知生命危险的眼神"，被猫抓住后"两个黑豆眼仿佛在我心内睁着呢"，最后与猫斗争时"有那么一点说不清的，生命根源的，希望"，其实写的就是普通民众反抗坏人的目光。

这种把动物当成人来写的写法，不仅把动物写得生动形象，而且内涵也更加深刻。怪不得我读完之后感觉没读懂，原来作者不光在写动物，还在写人！

这就是**借物喻人**的写法。**借物喻人，就是借某一事物的特点，来描写人的品质、特征或行为。**最后我们来总结一下文章的思路吧。

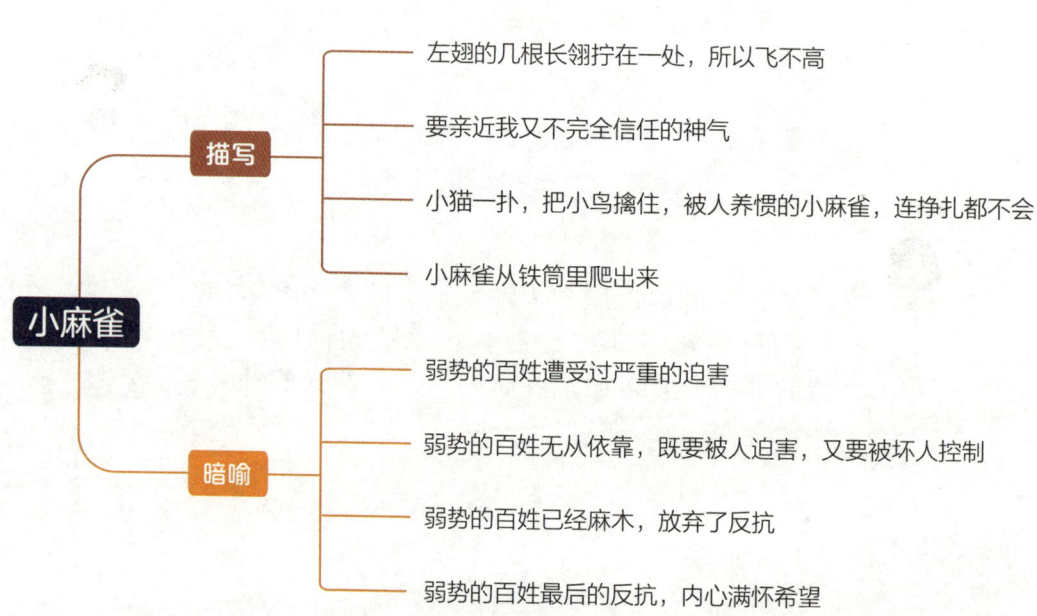

⬇

小麻雀
- 描写
  - 左翅的几根长翎拧在一处，所以飞不高
  - 要亲近我又不完全信任的神气
  - 小猫一扑，把小鸟擒住，被人养惯的小麻雀，连挣扎都不会
  - 小麻雀从铁筒里爬出来
- 暗喻
  - 弱势的百姓遭受过严重的迫害
  - 弱势的百姓无从依靠，既要被人迫害，又要被坏人控制
  - 弱势的百姓已经麻木，放弃了反抗
  - 弱势的百姓最后的反抗，内心满怀希望

一、思路点拨

奇奇

既然想写人，直接写就好啦，为什么非要借某个事物来比喻人呢？

妙妙

这种方法能体现文章的含蓄美。

神秘老师

妙妙说得很恰当。借物喻人能让文章的立意更深远，表情达意更含蓄委婉，增强文章的表现力和感染力。

奇奇

确实如此，经过今天的分析，我也觉得用猫来比喻坏人，用麻雀比喻弱势的百姓很有深度，很有思想内涵。

神秘老师

是这样的。表面上是状物，实际上是写人。

奇奇

我懂了。而且借物喻人的文章本身就运用了比喻的修辞手法，即借某一事物的特点来比喻人的一种品格。

神秘老师

没错。要注意的是，借物喻人的文章中所描写的事物的特点，一定要和某类人的特点有相似之处。

二、技法指导

奇奇

写作文的时候，如何运用借物喻人的写法呢？

神秘老师

运用借物喻人的写法写文章的时候，可以分成两步。

第一步：列表格。

	①	②	③	④	……
人的特点					
事物的特点					

由于借物喻人真正想要展示的是人的特点，所以在写文章之前，要采取倒推的方式，先想清楚要写的是哪种人，他身上有什么特点。

接着寻找一种与之对应的事物，找到这种事物的特点与人的特点的相似之处。

妙妙

比如我想赞美守卫边疆的战士，可以写戈壁滩的胡杨树，战士和胡杨树都有坚韧不拔、无私奉献的品质。是这样吗，老师？

神秘老师

是的，看来你已经掌握了借物喻人的精髓了。

第二步：做转化。

把事物的特点和人的特点总结出来之后，就要把两种特点进行融合和转化。

还拿边疆战士和胡杨树举例。边疆战士在艰苦环境下站岗放哨，保家卫国，这是战士的特点；而胡杨树扎根荒漠戈壁，在严酷环境下生存，保持水土，这是胡杨树的特点。

想要在展示胡杨树的特点时让人联想到边疆战士，就需要把边疆战士站军姿、巡边等日常活动融合到胡杨树的特点里。

奇奇

用比喻就能做到了。

神秘老师

没错。借物喻人的本质是借喻,所以第二步转化特点时,运用借喻手法,让所描写的事物生动形象的同时,也能清晰地展示人的特点,从而达到借物喻人的目的。

写作练笔

同学们，通过今天的学习，你学会借物喻人了吗？快来动笔试一下吧！

1. 选择一类你想赞美的人，比如军人、清洁工、农民等。
2. 选择一种和你想赞美的人有相同品质和特点的小动物。
3. 尝试运用借物喻人的写法写一篇文章。

老师/家长点评

狗

▲ 老 舍

中国狗恐怕是世界上最可怜最难看的狗。此处之"难看"并不指狗种而言,而是与"可怜"密切相关。无论狗的模样、身材如何,只要喂养得好,它便会长得肥肥胖胖的,看着顺眼。中国人穷。人且吃不饱,狗就更提不到了。因此,中国狗最难看;不是因为它长得不体面,而是因为它骨瘦如柴,终年夹着尾巴。

每逢我看见被遗弃的小野狗在街上寻找粪吃,我便要落泪。我并非是爱作伤感的人,动不动就要哭一鼻子。我看见小狗的可怜,也就是感到人民的贫穷。

民富而后猫狗肥。

中国人动不动就说：我们地大物博。那也就是说，我们不用着急呀，我们有的是东西，永远吃不完喝不尽哪！哼，请看看你们的狗吧！

还有：狗虽那么摸不着吃，那么随便就被人踢两脚，打两棍，可是它们还照旧替人们服务。尽管它们饿成皮包着骨，尽管它们刚被主人踢了两脚，它们还是极忠诚地去尽看门守夜的责任。狗永远不嫌主人穷。这样的动物理应得到人们的赞美，而忠诚、义气、安贫、勇敢等等好字眼都该归之于狗。可是，我不晓得为什么中国人不分黑白地把汉奸与小人叫作走狗，倒仿佛狗是不忠诚不义气的动物。我为狗喊冤叫屈！

猫才是好吃懒做，有肉即来，无食即去的东西。洋奴与小人理应被叫作"走猫"。

或者是因为狗的脾气好，不像猫那样傲慢，所以中国人不说"走猫"而说"走狗"？假若真是那样，我就又觉得人们未免有点"软的欺，硬的怕"了！

不过，也许有一种狗，学名叫作"走狗"；那我还不大清楚。

名家写作课

神秘老师　妙妙　奇奇

> 同学们，今天我们来学习老舍先生的一篇文章《狗》。谁来说说这篇文章表达了作者怎样的思想感情？

> 我来说。老舍先生把狗比作吃苦耐劳却遭受迫害的劳苦大众，通过这篇文章表达了作者对普通民众的怜悯。

> 没错，老舍先生在里面运用了一种特别重要的写法，你们发现了吗？

> 我没找到什么重要写法，倒是发现了这篇文章的一个特点：老舍先生并没有写什么故事，而是表达了很多看法。

> 奇奇说到了重点，这就是这篇文章的重要写法。你说的"表达看法"就是议论。在这篇文章里，作者一边讲述事实，一边发表议论，这种写作方法叫夹叙夹议。

那作者是怎么运用夹叙夹议的写法的呢？

我给大家一个提示，我们看第一句"中国狗恐怕是世界上最可怜最难看的狗"，很明显这是文章的论点，也就是作者的分析评论。为了证明自己的论点，作者写道"无论狗的模样、身材如何，只要喂养得好，它便会长得肥肥胖胖的，看着顺眼"，这说明狗很好养，但为什么却说中国狗可怜呢？作者接着写道"中国人穷。人且吃不饱，狗就更提不到了"。这两句实际上就是证明论点的论据，也就是陈述事实。像这样一面叙述某一件事，一面又对这件事进行分析、评论就叫作夹叙夹议。

我明白了，比如第二自然段，作者写"每逢我看见被遗弃的小野狗在街上寻找粪吃，我便要落泪"，这是陈述事实；而后面"我看见小狗的可怜，也就是感到人民的贫穷"就是发表议论。这也是夹叙夹议。

没错！

我也找到了。第四自然段，作者写了几件事，分别是：即便没吃的、挨打也要替人们服务；即便饿得皮包骨头，也要尽职尽责地守门；而且狗永远不嫌主人穷。最后，作者发表了自己的议论：狗理应得到人们的赞美，而忠诚、义气、安贫、勇敢等等好字眼都该归之于狗。

大家总结得很好，最后作者通过猫和狗的对比，得出了他的结论：人们之所以对狗这样，是因为"软的欺，硬的怕"。**通过夹叙夹议和借物喻人，表面上写的是狗，实际上写的是普通劳苦大众。作者不仅表达了对他们的怜悯，同样也是对欺负百姓的人的讽刺。** 最后让我们总结一下本文的思路吧。

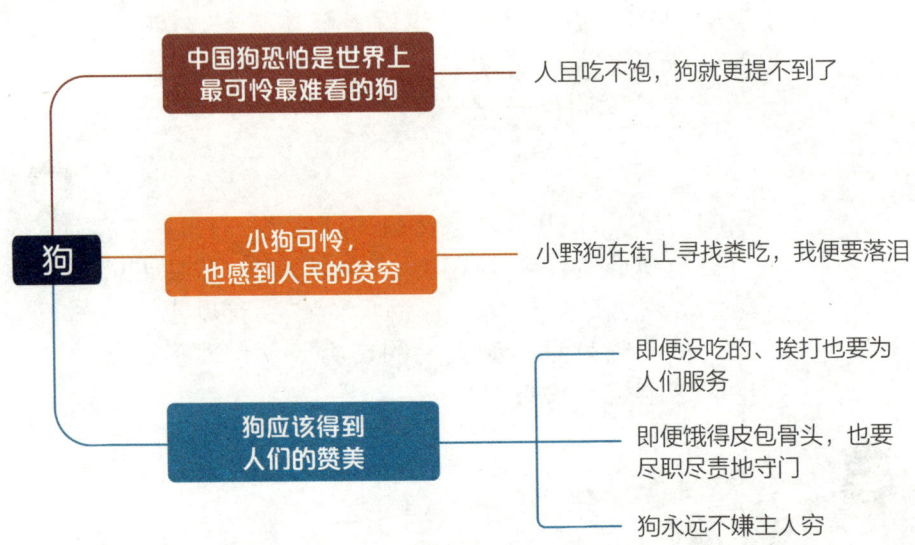

⬇

狗
- 中国狗恐怕是世界上最可怜最难看的狗 —— 人且吃不饱，狗就更提不到了
- 小狗可怜，也感到人民的贫穷 —— 小野狗在街上寻找粪吃，我便要落泪
- 狗应该得到人们的赞美
  - 即便没吃的、挨打也要为人们服务
  - 即便饿得皮包骨头，也要尽职尽责地守门
  - 狗永远不嫌主人穷

一、思路点拨

妙妙

老师，我注意到夹叙夹议就是一边叙述一边议论，这样写有什么好处呢？

神秘老师

好处有很多呢！

1. 笔法灵活多变，语言生动活泼。
2. 议论起到总起、提示、过渡和总结的作用。
3. 充分抒发情感，直接揭示描写事物的意义。

而且最重要的作用是锻炼大家议论文写作的能力。

奇奇

哎呀，说到议论文就让人头疼。我觉得所有作文里，议论文最难写了！

神秘老师

同学们最擅长写的是叙述一件事，也就是记叙文。为了掌握议论文的写法，我们才要学好夹叙夹议。

议论文有三要素，论点、论据、论证。而夹叙夹议的文章，其实就是议论文的论点和论据的结合体。

妙妙

我明白了。夹叙夹议的写法就像一座架在记叙文和议论文之间的桥梁，只要学好了夹叙夹议，就能轻松地学会写议论文了。

奇奇

原来是这样啊，那我要好好学夹叙夹议！

二、技法指导

神秘老师

想要写好夹叙夹议的文章，首先要明白记叙和议论的关系：叙是议的基础，议是叙的升华。

简单来说，叙是讲述一件事，议是发表看法。议的文字不能太长，要精辟。

奇奇

那具体应该怎么写呢？

神秘老师

夹叙夹议的写法有三种形式。

1. 先议后叙。

顾名思义,就是先发表议论,再举出事例。老舍先生的《狗》这篇文章,就是用这种形式开篇的。先议论后叙述,主要是能高度强调作者的看法,起到点明中心议题的作用。

妙妙

既然议论和叙述有先后,那一定有先叙后议啦!

神秘老师

答对啦。

2. 先叙后议。

这种形式是先叙述一件事情,然后在结尾的时候发表看法和议论。这么写的主要作用是总结上文,议论往往有升华中心的作用。

比如今天学习的《狗》这篇文章的第四自然段就是先叙述后议论。

奇奇

这种技巧我之前好像用到过。有一次我写了一个发生在我和爷爷之间的故事。当时放暑假,我去爷爷家里玩儿。下午我跟爷爷说想吃野菜。结果当天傍晚,爷爷满身泥巴地回来了,手里拿着一捆野菜。我当时真的很感动。后来我把这件事写在作文里,最后我还进行了总结:"爷爷的爱真伟大呀!亲情是一笔宝贵的财富,我们要好好珍惜它。"

神秘老师

太棒了,奇奇。这就是先叙后议。抒情、表达看法都是议论的范畴。

3. 边叙边议。

就是一边叙述,一边议论,不分先后顺序。这种夹叙夹议的写法比较复杂,我们只需要了解就可以了,主要还是学会运用前两种方法。

写作练笔

同学们，今天我们学习了夹叙夹议的写法，你掌握了吗？快来动笔试一试吧！

1. 选一种自己喜欢的小动物。
2. 描写一件关于它的事情。
3. 试着对这件事发表一下自己的看法。

老师/家长点评

名篇欣赏

小黑狗（节选）

▲ 萧 红

像从前一样，大狗是睡在门前的木台上。望着这两只狗我沉默着。我自己知道又是想起我的小黑狗来了。

前两个月的一天早晨，我去倒脏水。在房后的角落处，房东的使女小钰蹲在那里。

我斟酌着我的声音，还不等我向她问，她的手已在颤抖，唔！她颤抖的小手上有个小狗在闭着眼睛，我问：

"哪里来的？"

"你来看吧！"

她说着，我只看她毛蓬的头发摇了一下，手上又是一个小狗在闭着眼睛。

不仅一个两个，不能辨清是几个，简直是一小堆。我也和孩子一样，和小钰一样欢喜着跑进屋去，在床边拉他的手：

"平森……啊，……喔喔……"

我的鞋底在地板上响，但我没说出一个字来，我的嘴废物似的啊喔着。他的眼睛瞪住，和我一样，我是为了欢喜，他是为了惊愕。最后我告诉了他，是房东的大狗生了小狗。

过了四天，别的一只母狗也生了小狗。

以后小狗都睁开眼睛了。我们天天玩着它们，又给小狗搬了个家，把它们都装进木箱里。

争吵就是这天发生的：小钰看见老狗把小狗吃掉一只，怕是那只老狗把它的小狗完全吃掉，所以不同意小狗和那个老狗同居，大家就抢夺着把余下的三个小狗也给装进木箱去，算是那只白花狗生的。

那个毛褪得稀疏、骨骼突露、瘦得龙样似的老狗，追上来。白花狗仗着年轻不惧敌，哼吐着开仗的声音。平时这两条狗从不咬架，就连咬人也不会。现在凶恶极了。就像两条小熊在咬架一样。在人们吵闹的声音里，老狗的乳头脱掉一个，含在白花狗的嘴里。

人们算是把狗打开了。老狗再追去时，白花狗已经把乳头吐到地上，跳进木箱看护它的一群小狗去了。

有一天，把个小狗抱进屋来放在桌上，它害怕，不能迈步，全身有些颤，我笑着像是得意，说：

"平森，看小狗啊！"

他却相反，说道：

"哼！现在觉得小狗好玩，长大要饿死的时候，就无人管了。"

这话间接地可以了解。我笑着的脸被这话毁坏了，用我寞寞的手，把小狗送了出去。我心里有些不愿意，不愿意小狗将来饿死。

过了些日子，十二个小狗之中又少了两个。但是剩下的这些更可爱了。会摇尾巴，会学着大狗叫，跑起来在院子就是一小群。

天井中纳凉的软椅上，房东太太吸着烟。她开始说家常话了。结果又说到了小狗：

"这一大群什么用也没有，一个好看的也没有，过几天把它们远远地送到马路上去。秋天又要有一群，厌死人了！"

坐在软椅旁边的是个六十多岁的老更倌。眼花着，有主意的嘴结结巴巴地说：

"明明……天，用麻……袋背送到大江去……"

小钰是个小孩子，她说：

"不用送大江，慢慢都会送出去。"

小狗满院跑跳。我最愿意看的是它们睡觉，多是一个压着一个脖子睡，小圆肚一个个的相挤着。是凡来了熟人的时候都是往外介绍，生得好看一点的抱走了几个。

其中有一个耳朵最大、肚子最圆的小黑狗，算是我的了。我们的朋友用小提篮带回去两个，剩下的只有一个小黑狗和一个小黄狗。

我从街上回来，打开窗子。我读一本小说。那个小黄狗挠着窗纱，和我玩笑似的竖起身子来挠了又挠。

我想：

"怎么几天没有见到小黑狗呢？"

我喊来了小钰。别的同院住的人都出来了，找遍全院，不见我的小黑狗。马路上也没有可爱的小黑狗，再也看不见它的大耳朵了！它忽然是失了踪！

又过三天，小黄狗也被人拿走。

没有妈妈的小钰向我说：

"大狗一听隔院的小狗叫，它就想起它的孩子。可是满院急寻，上楼顶去张望。最终一个都不见，它哽哽地叫呢！"

十三个小狗一个不见了！和两个月以前一样，大狗是孤独地睡在木台上。

名家 介绍

萧红（1911—1942），原名张迺莹。中国女作家。1933年开始文学创作，同年与萧军合出小说、散文集《跋涉》。另著有长篇小说《呼兰河传》《马伯乐》，短篇小说《小城三月》，小说、散文集《牛车上》等。

名家写作课

神秘老师 **妙妙** **奇奇**

同学们，今天我们一起来学一篇萧红的散文《小黑狗》。在这篇文章里，我们将会学到一种全新的描写小动物的方法。

哇，又要学习新技法了，好期待呀！

我知道作家萧红，我还看过她写的《呼兰河传》呢！

萧红女士是"民国四大才女"之一。来，我们一起跟着她学习写作吧！

老师。我有个问题，这篇文章似乎在写小黑狗，但好像并没有直接描写小黑狗的样子、习性，反倒描写了好几个人。

那你说说看，都写到了哪些人？

有"我"、平森、小钰、房东太太和老更倌。而且我发现，他们对小狗的态度都不一样。

我也发现了，"我"很喜欢小狗，小钰很爱护小狗，平森反对养狗，房东太太因为它们长得不好看，厌烦小狗，而老更倌最可恶，竟然想把小狗扔到大江里去，太冷漠了。

通过这段时间的学习，你们对文章的阅读理解能力提高了很多呀！你们说的就是今天我们要学习的技法——**多角度描写**。

多角度描写，从字面意思看，好像是要从不同的角度去描写同一个事物。

没错，**多角度描写能让被描写的事物更加全面，对于景物来说，能充分展现景物的特点；而对于人物来说，能使人物形象更加立体和真实。** 你们来找一找，在这篇文章里，作者是如何进行多角度描写的呢？

作者是从不同的人对小黑狗的不同态度进行多角度描写的，这种写法全面地勾勒出了小黑狗悲惨的命运。作者不仅在写小黑狗，也在写普通人的命运。

没错，作者在进行多角度描写的同时，也运用了借物喻人的写法。

首先写"我"的态度。"我"是喜欢小狗的，看到小狗之后，就急匆匆分享给平森，而且还主动帮小钰给小狗安家，平时经常和小狗玩耍。然后写小钰的态度，她对小狗特别爱护。比如，发现刚出生的小狗，捧在手心时"手已在颤抖"，专门给小狗弄了个木头箱子，看到老狗伤害小狗，就把小狗全都搬到木箱子里。担心房东太太把小狗扔掉，来了熟人就往外介绍。

平森反对"我"养小狗，第一次看到小狗是惊愕的表情，第二次看到小狗说"长大要饿死的时候，就无人管了"，说明他不喜欢狗，反对养狗。而房东太太和老更倌更是冷漠：一个说送到马路上去，想到秋天老狗又要生小狗就厌烦；一个说要扔到大江里去。

实际上，房东太太和老更倌代表当时社会的上层人，而小狗代表下层的贫苦百姓。房东太太和老更倌的厌烦和冷漠说明上流社会的人不管百姓的死活，这也是作者所要批判的。最后我们总结一下文章的思路。

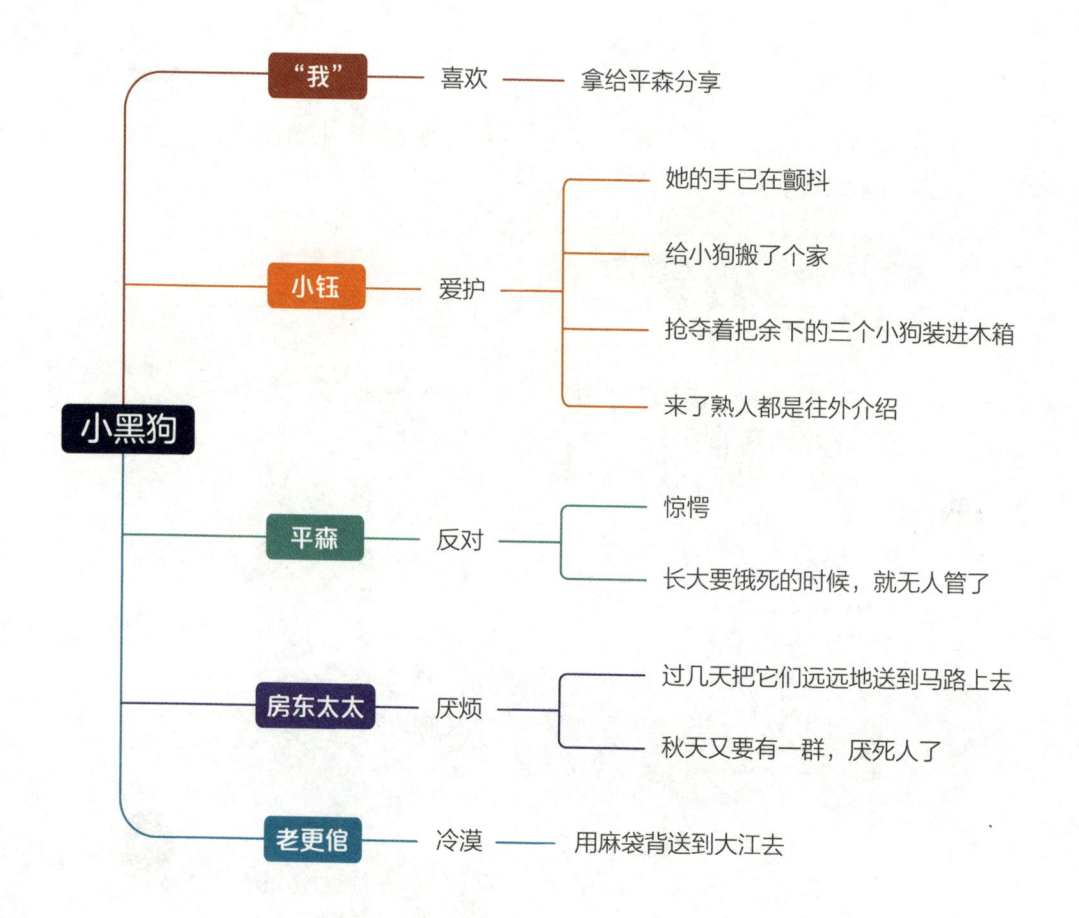

```
                            ┌─ "我" ──── 喜欢 ──── 拿给平森分享
                            │
                            │                   ┌─ 她的手已在颤抖
                            │                   │
                            │                   ├─ 给小狗搬了个家
                            ├─ 小钰 ──── 爱护 ──┤
                            │                   ├─ 抢夺着把余下的三个小狗装进木箱
                            │                   │
                            │                   └─ 来了熟人都是往外介绍
  小黑狗 ──┤
                            │                   ┌─ 惊愕
                            ├─ 平森 ──── 反对 ──┤
                            │                   └─ 长大要饿死的时候，就无人管了
                            │
                            │                   ┌─ 过几天把它们远远地送到马路上去
                            ├─ 房东太太 ── 厌烦 ┤
                            │                   └─ 秋天又要有一群，厌死人了
                            │
                            └─ 老更倌 ──── 冷漠 ──── 用麻袋背送到大江去
```

写作加油站

一、思路点拨

神秘老师

多角度描写的写法，在文章中很常见。大家学过《观潮》这篇课文吗？

妙妙

我学过。文章按照潮来之前、潮来之时、潮来之后的时间顺序展示了钱塘江大潮波澜壮阔的景象。

老师，这里面哪有多角度描写呀？

神秘老师

你们有没有注意过，文章开头，先描写了宽阔的江面和观潮的人群，这其实是从侧面描写钱塘江大潮的壮观。你们想一下，如果潮水不壮观，怎么会吸引这么多人呢？紧接着大潮到来时，作者先描写远处，然后描写近处，这是直接展示大潮的壮观。最后，作者又描写了潮来之后的江面——"依旧风号浪吼"，这也是侧面描写。侧面描写和正面描写相结合，就是典型的多角度描写。

妙妙

正面描写是直接展示，告诉读者大潮如何壮观；而侧面描写是间接烘托，不直接描写大潮，而是描写和它相关的事物来烘托大潮的壮观。这种写法更能让读者感受到大潮的雄伟壮观。

二、技法指导

妙妙

老师，运用正面描写和侧面描写有什么简单的运用技巧吗？

神秘老师

当然有啦。正面描写很好理解，就是直接去描写想要描写的事物。

常用的方法，我们之前讲过，就是直接描写喜爱动物的毛发、体型、习性等。

奇奇

这个简单，我早就学会了。那么侧面描写要如何运用呢？

神秘老师

侧面描写，意思是通过对周围人物或环境的描绘来表现所要描写的对象。

奇奇

我不太明白。

神秘老师

那我举个简单的例子，如果你想描写小猫咪的机智勇敢，运用正面描写要怎么写？

奇奇

很简单，我会写它遇到一条又大又凶狠的狗。小猫非但不怕，反而和狗战斗，最后把狗打跑了。我会着重描写小猫的动作和神态。

神秘老师

非常好，这个场景在生活中很常见。那么假如不让你直接描写小猫的动作和神态，还是写对抗大狗的场景，你会怎么写呢？

奇奇

不能直接描写小猫，却要表现小猫的勇敢，这可难倒我了！

妙妙

奇奇，你忘啦，侧面描写呀！这个场景里，除了小猫，还有大狗呢！不能直接描写小猫，你可以描写大狗呀。通过动作描写出大狗的退让，通过神态描写出大狗的害怕，大狗的示弱不就从侧面表现出小猫的勇敢了吗？

奇奇

原来是这样呀，我懂了。

写作练笔

　　同学们，今天我们学习了正面描写和侧面描写相结合的技法，你学会了吗？快来动手写一写吧！

1. 观察一种自己喜欢的小动物。
2. 弄清它的性格特点，比如勇敢、胆小、活泼等。
3. 试着从正面和侧面两个角度来描写它的这个特点。

老师/家长点评

名篇欣赏

花 狗（节选）

▲萧 红

在一个很小的院心上种着两棵大芭蕉，人们就在芭蕉叶子下边谈论着李寡妇的大花狗。

人们正说着，李寡妇的大花狗就来了。它是一条虎狗，头是大的，嘴是方的，走起路来很威严，全身是黄毛带着白花。它从芭蕉叶里露出来了，站在许多人的面前，还勉强地摇一摇尾巴。

但那原来的姿态完全不对了，眼睛没有一点光亮，全身的毛好像要脱落似的在它的身上飘浮着。而最可笑的是它的脚掌很稳地抬起来，端得平平的再放下去，正好像在操演的军队的脚掌似的。

人们正想要说些什么，看到李寡妇戴着大帽子从屋里出来，大家就停止了，都把眼睛落到李寡妇的身上。她手里拿着一把黄香，身上背着一个黄布口袋。

"听说少爷来信了，倒是吗？"

"是的，是的，没有多少日子，就要换防回来的……是的……亲手写的信来……我是到佛堂去烧香，是我应许下的，只要老佛保佑我那孩子有了信，从那天起，我就从那天三遍香烧着，一直到他回来……"那大花狗仍照着它平常的习惯，一看到主人出街，它就跟上去，李寡妇一边骂着就走远了。

那班谈论的人，也都谈论一会各自回家了。

留下了大花狗自己在芭蕉叶下蹲着。

大花狗，李寡妇养了它十几年，李老头子活着的时候，和她吵架，她一生气坐在椅子上哭半天会一动不动的，大花狗就陪着她蹲在她的脚尖旁。她生病的时候，大花狗也不出屋，就在她旁边转着。她和邻居骂架时，大花狗就上去撕人家衣服。她夜里失眠时，大花狗摇着尾巴一直陪她到天明。

所以她爱这狗胜于一切了，冬天给这狗做一张小棉被，夏天给它铺一张小凉席。

李寡妇的儿子随军出发了以后,她对这狗更是一时也不能离开的,她把这狗看成个什么都能了解的能懂人性的了。

有几次她听了前线上恶劣的消息,她竟拍着那大花狗哭了好几次,有的时候像枕头似的枕着那大花狗哭。

大花狗也实在惹人怜爱,卷着尾巴,虎头虎脑的,虽然它忧愁了,寂寞了,眼睛无光了,但这更显得它柔顺,显得它温和。所以每当晚饭以后,它挨着家是凡里院外院的人家,它都用嘴推开门进去拜访一次,有剩饭的给它,它就吃了,无有剩饭,它就在人家屋里绕了一个圈就静静地出来了。这狗流浪了半个月了,它到主人旁边,主人也不打它,也不骂它,只是什么也不表示,冷静地接待了它,而并不是按着一定的时候给东西吃,想起来就给它,忘记了也就算了。

大花狗落雨也在外边,刮风也在外边,李寡妇整天锁着门到东城门外的佛堂去。

有一天她的邻居告诉她:

"你的大花狗,昨夜在街上被别的狗咬了腿流了血……"

"是的,是的,给它包扎包扎。"

"那狗实在可怜呢，满院子寻食……"邻人又说。

"唉，你没听在前线上呢，那真可怜……咱家里这一只狗算什么呢？"她忙着话没有说完，又背着黄布口袋上佛堂烧香去了。

等邻人第二次告诉她说：

"你去看看你那狗吧！"

那时候大花狗已经躺在外院的大门口了，躺着动也不动，那只被咬伤了的前腿，晒在太阳下。

本来李寡妇一看了也多少引起些悲哀来，也就想喊人来花两角钱埋了它。但因为刚刚又收到儿子一封信，是广州退却时写的，看信上说儿子就该到家了，于是她逢人便讲，竟把花狗又忘记了。

这花狗一直在外院的门口，躺了三两天。

是凡经过的人都说这狗老死了，或是被咬死了，其实不是，它是被冷落死了。

名家写作课

神秘老师 **妙妙** **奇奇**

神秘老师： 同学们，今天我们学习一篇比较特别的写动物的文章——萧红的《花狗》。这篇文章通过映照衬托描写动物和人的遭遇，达到相得益彰的效果。

妙妙： 这种写法我还是第一次听说呢，好像和借物喻人有点相似。

神秘老师： 借物喻人着重说明道理和表达情感，而《花狗》这篇文章有很大的不同。《花狗》通过对李寡妇和花狗之间的关系变化的描写，写出了社会动荡下普通人的悲惨命运。接下来，我们就一起分析李寡妇和花狗的关系是如何变化的。

奇奇： 读完这篇文章，我觉得李寡妇和花狗的关系变化是从李寡妇的儿子从军开始的。

妙妙： 我同意奇奇的分析，第九自然段和第十自然段写的是李寡妇的儿子从军前，她和花狗的关系。李寡妇和李老头吵架，花狗就"陪着她蹲在她的脚尖旁"；李寡妇生病时，花狗"不出屋，就在她旁边转着"；李寡妇和邻居骂架时，花狗"就上去撕人家衣服"；李寡妇失眠时，花狗就"摇着尾巴一直陪她到天明"。由此看出，大花狗就像李寡妇的儿子一样守护着她。

而李寡妇对花狗也很好，"她爱这狗胜于一切了，冬天给这狗做一张小棉被，夏天给它铺一张小凉席"，可见李寡妇也把花狗当儿子一样照顾。

没错，一切的变化都是从她儿子从军开始的。她儿子刚从军时，李寡妇对花狗也还不错，"一时也不能离开""拍着那大花狗哭""枕头似的枕着那大花狗哭"，通过这些描写可以看出，这时李寡妇对花狗还是很依赖的。然而接下来，他们的关系就变了。

先说李寡妇对花狗的态度。第六自然段她打算去拜佛，花狗跟着她，结果"李寡妇一边骂着就走远了"，此时李寡妇的心思完全不在花狗身上了，一心只想着她的儿子，非常冷落花狗。正因为如此，花狗"那原来的姿态完全不对了"。从作者对花狗的外貌描写来看，花狗"头是大的，嘴是方的，走起路来很威严"，可见花狗本来是很活泼威武的狗。

没错，但是现在花狗完全变了，"勉强地摇一摇尾巴""眼睛没有一点光亮""毛好像要脱落似的""脚掌很稳地抬起来，端得平平的再放下去"，最后这个动作，仿佛是士兵走正步的动作。由此可见，花狗为了讨好李寡妇，也学会了士兵的正步。可见花狗对李寡妇有多深的感情。

大家分析得都很完整，接下来我来补充一下。虽然李寡妇对花狗的态度发生了一百八十度转变，花狗"忧愁了，寂寞了，眼睛无光了"，但是"更显得它柔顺，显得它温和"，默默地守候在李寡妇身边。直到最后，李寡妇和花狗从相互守候，变得相互冷漠。李寡妇只想着拜佛不管花狗，而花狗也变得不回家，哪怕被其他狗咬伤了，也只是躺在地上不动，不再去找李寡妇了。

感觉花狗好可怜呀！

其实花狗和李寡妇都很可怜，他们都是因为自己关心的人才变成这样的。

妙妙说得好。李寡妇的儿子没有出事前，李寡妇心里有盼头，把花狗当成儿子去关心。而儿子出事后，李寡妇就变得无所适从，整天担心，所以对花狗疏忽了。而花狗一直以来把李寡妇当成母亲一样关心和保护，但随着李寡妇对它冷落，它的内心也失落了，从热情变得冷淡。

作者为什么要这么写呢？

作者把花狗的前后变化和遭遇写得这么清楚，是为了映衬李寡妇的遭遇。而李寡妇的变化同样也映衬着花狗的遭遇。这种一边描写动物的遭遇，一边描写人物的遭遇的写作技法，就是映衬。映衬是利用客观事物之间相类或相反的关系，以次要形象映照衬托主要形象的写作技法。最后我们总结一下文章的脉络。

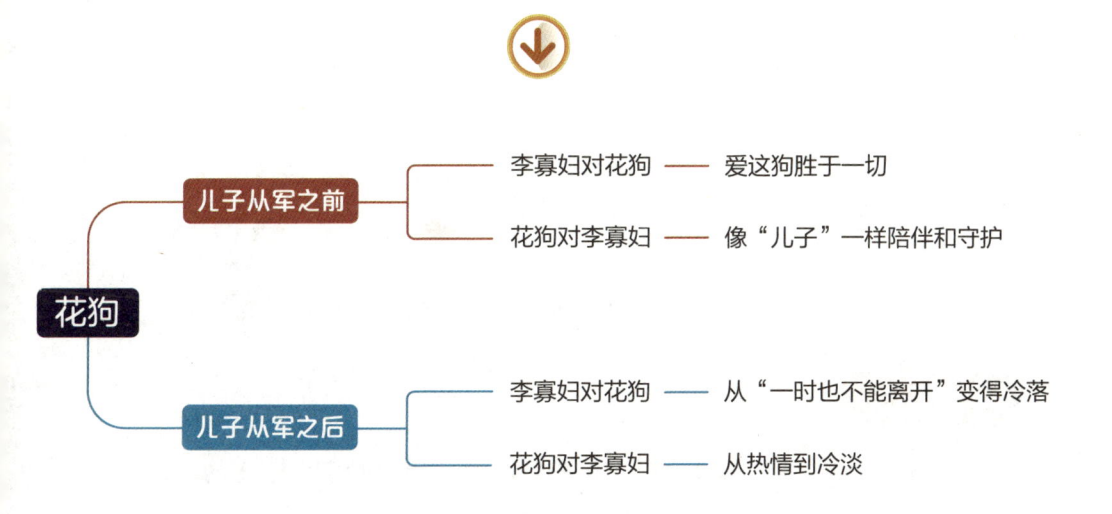

花狗
- 儿子从军之前
  - 李寡妇对花狗 —— 爱这狗胜于一切
  - 花狗对李寡妇 —— 像"儿子"一样陪伴和守护
- 儿子从军之后
  - 李寡妇对花狗 —— 从"一时也不能离开"变得冷落
  - 花狗对李寡妇 —— 从热情到冷淡

写作加油站

一、思路点拨

神秘老师

同学们要注意区分衬托和映衬。

衬托是用次要事物突出主要事物，主要目的在于让读者更清楚地了解主要事物。

映衬可以理解为次要事物和主要事物相互映照，目的在于凸显两个事物的特点。

奇奇

老师，能给我们举个例子说明吗？

神秘老师

可以。那我们还用花狗和李寡妇举例。如果运用衬托的写法来写，就要用花狗的遭遇突出李寡妇的遭遇。可以这样写：

李寡妇从外面回来，脚步有些飘忽，脸色发白。花狗跟着她走进屋子，来到自己的饭盆前，饭盆空空的，上面的残渣已经干了。花狗全身无力地卧在地上，连呼吸的力气都快没了。

妙妙

从这段文字可以看出李寡妇已经很久没有给花狗准备饭食了,花狗饿得没力气呼吸。李寡妇也脸色苍白。这段话通过描写花狗的饥饿衬托出李寡妇自顾不暇,已经很久没有照顾过花狗了。

神秘老师

妙妙解释得很正确。怎么样,奇奇看出衬托和映衬的区别了吧。

奇奇

可不可以这么理解:衬托是对次要形象描写得多一些,但这些描写是为了使主要形象更鲜明;而映衬对主要形象和次要形象描写的比例相当,它们之间相互对照。

神秘老师

是这样的。映衬的宗旨是:并列相对的事物之间相互对照,相得益彰。

二、技法指导

妙妙

老师,我们在作文里,应该怎么运用映衬的写作技法呢?

神秘老师

运用映衬的方法有很多,在这里我们只分享一种运用映衬写小动物的方法——**环境映衬**。举个例子,假如让你们描写午后睡眼惺忪的小猫,你们会怎么写呢?

奇奇

我先说,我会这样写:

小猫眼皮半睁不睁,躺在阳台上,一个接一个地打着哈欠。

妙妙

我会这样写:

小猫张大嘴巴打了一个哈欠,抬起前爪搓了搓脸,然后蜷缩身体,把头埋在胸口,满足地闭上了眼睛。

神秘老师

你们写的都是小猫的动作。如果是我,我会这么写:

午后的阳光照进客厅,透过阳光可以看到很多小颗粒懒散地到处飘飞,仿佛正在营造一阵阵困意。小猫趴在阳光下，把自己蜷缩成一个球，慢慢地进入了梦乡。

妙妙

哇，看得我都想睡觉啦。老师的写法是用客厅环境来映衬贪睡的小猫，小猫的动作也正好映衬午后适宜睡觉的环境。原来这就是环境映衬呀！

神秘老师

是这样的。运用环境映衬的写法，可以写小动物的动作、神态、形象甚至毛发颜色。只要用得巧妙，映衬会让小动物的性格特点更加突出。

写作练笔

同学们，通过今天的学习，你掌握映衬的写作技法了吗？快来动笔试一试吧！

1. 选择一种自己喜欢的小动物，观察它活泼玩闹的样子。
2. 试着运用环境映衬的写法，用轻松的氛围来映衬小动物的顽皮可爱。

老师/家长点评

名篇欣赏

白 鹅 (节选)

▲丰子恺

这白鹅，是一位即将远行的朋友送给我的。我抱着这雪白的"大鸟"回家，放在院子里。它伸长了头颈，左顾右盼，我一看这姿态，想道："好一个高傲的动物！"

鹅的高傲，更表现在它的叫声、步态和吃相中。

鹅的叫声，音调严肃郑重，似厉声呵斥。它的旧主人告诉我：养鹅等于养狗，它也能看守门户。后来我看到果然如此：凡有生客进来，鹅必然厉声叫嚣；甚至篱笆外有人走路，它也要引吭大叫，不亚于狗的狂吠。

鹅的步态，更是傲慢了。大体上与鸭相似，但鸭的步调急速，有局促不安之相；鹅的步调从容，大模大样的,颇像京剧里的净角出场。它常傲然地站着,看见人走来也毫不相让;有时非但不让,竟伸过颈子来咬你一口。

鹅的吃饭,常常使我们发笑。我们的鹅是吃冷饭的,一日三餐。它需要三样东西下饭:一样是水,一样是泥,一样是草。先吃一口冷饭,再喝一口水,然后再到别处去吃一口泥和草。大约这些泥和草也有各种可口的滋味。这些食料并不奢侈,但它的吃法,三眼一板,一丝不苟。譬如吃了一口饭,倘若水盆放在远处,它一定从容不迫地大踏步走上前去,饮一口水,再大踏步走去吃泥、吃草。吃过泥和草再回来吃饭。

这样从容不迫地吃饭,必须有一个人在旁侍候,像饭馆里的堂倌一样。因为附近的狗,都知道我们这位鹅老爷的脾气,每逢它吃饭的时候,狗就躲在篱边窥伺。

我们不胜其烦,以后便将饭罐和水盆放在一起,免得它走远去,让鸡、狗偷饭吃。然而它所必需的泥和草,所在的地点远近无定。为了找这些食物,它仍是要走远去的。因此鹅吃饭时,非有一个人侍候不可,真是架子十足!

名家写作课

神秘老师 **妙妙** **奇奇**

神秘老师： 同学们,今天我们来学习丰子恺先生的《白鹅》,这真是一篇有趣的文章呢。

妙妙： 这不是我们课本中的文章吗?我记得作者运用拟人的手法,把大白鹅写得像个老爷爷,越读越有趣。

奇奇： 除了运用拟人手法,这篇文章还有其他的写作技法吗?

神秘老师： 今天我们来学一种简单又好用的文章结构——**并列结构**。

妙妙： 什么是文章结构?

神秘老师： 举个例子,工人在盖楼前,设计师必须设计图纸,图纸让工人知道先做什么,再做什么。写文章就像盖大楼,文章结构就相当于图纸。

我懂了,文章有了"图纸",就知道开头写什么,中间写什么,结尾写什么了。

回答正确。

哇,老师快教教我们吧。我每次写作文,虽然脑子里有词有句,但就是不知道该怎么下笔。有了文章结构,我就知道怎么写了。

那我们现在就开始学习有关文章结构的知识。首先,你们找一下文章的中心句。

中心句在第一自然段"好一个高傲的动物",整篇文章都是围绕这句话来写的。

没错。那围绕"高傲"这个特点,作者又是怎么写的呢?

这个简单,第二自然段写得很清楚,作者分别从"叫声""步态"和"吃饭"三个方面表现大白鹅的"高傲"。

写叫声时,作者说"音调严肃郑重,似厉声呵斥",还写了两件小事来说明——家里来了生人,它会叫;篱笆外有人经过,它也会叫。

写到步态时更有趣，通过和鸭子对比，写出大白鹅"步调从容，大模大样的"，还用了一个比喻：像京剧里的净角出场。

最后写吃饭。鹅吃饭"三眼一板，一丝不苟"，像个死板教条而又架子十足的老人。

大家总结得很好，从这三个方面，作者把大白鹅的"高傲"描写得栩栩如生。大家看，中间三个部分"叫声""步态""吃饭"是"高傲"这个特点的三个方面的表现，它们没有谁先谁后，没有从属关系，是一种平等的并列关系。这就是并列结构。

原来这么简单呀！我明白了！

最后我们总结一下文章的思路。

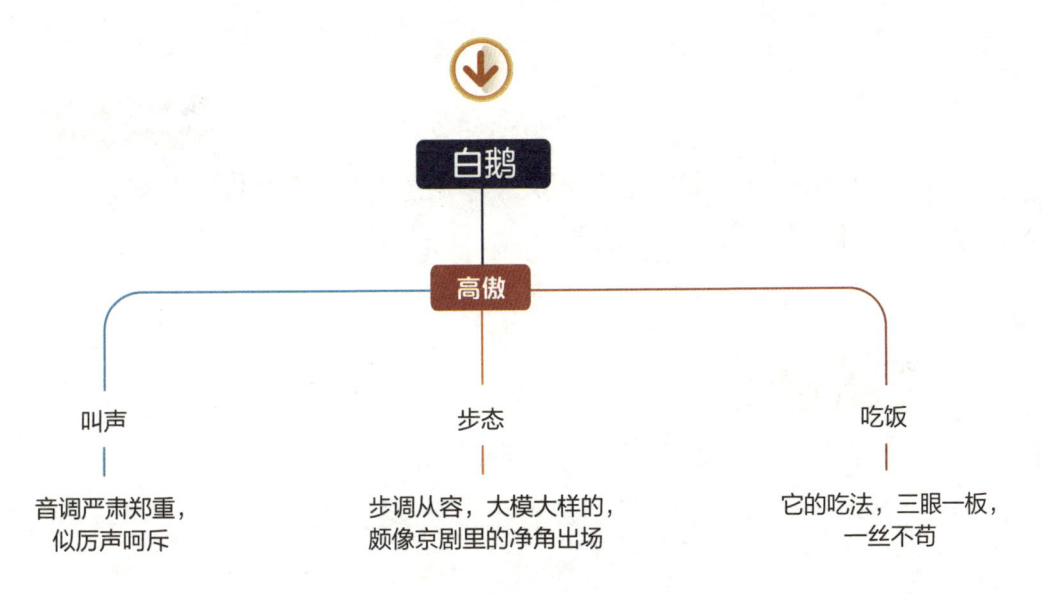

↓

白鹅
　　│
　　高傲
　┌───┼───┐
叫声　步态　吃饭

音调严肃郑重，　　步调从容，大模大样的，　　它的吃法，三眼一板，
似厉声呵斥　　　　颇像京剧里的净角出场　　　　一丝不苟

135

写作加油站

一、思路点拨

妙妙

老师，我们虽然明白了中间部分采用了并列结构，但是从整篇文章的角度考虑，写文章时应该怎么展开思路呢？

神秘老师

这个问题问得好。我们依然以《白鹅》这篇文章为例，一起来看一下并列结构的谋篇布局吧！我们知道，作者写"叫声""步态""吃饭"都是为了展现"高傲"这个特点。我们可以给这三个方面取个名字，叫作"事例"。

奇奇

事例可不可以理解为素材的意思呀？围绕中心的三个素材。

神秘老师

当然可以，实际上事例就是为了进一步论证中心的论据素材。而中心可以看成是论点。大家还记得之前我们学过的夹叙夹议中的先叙后议吗？

妙妙

记得，先叙述事实，然后表达看法或者抒发情感。

神秘老师

没错。虽然这篇文章运用的不是夹叙夹议的写法，但可以借用这种思路，也就是先提出中心句，然后安排事例素材验证。所以，行文思路就变成了这样的结构：

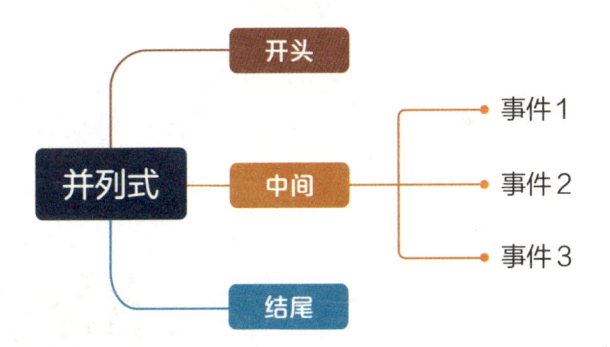

```
          ┌── 开头
并列式 ───┼── 中间 ──┬── 事件1
          │          ├── 事件2
          │          └── 事件3
          └── 结尾
```

开头：提出中心句。

中间：用三个事例分别描述或者论证中心句。

结尾：总结全文。

由于中间部分使用了三个并列的事例，所以这种行文结构就叫作并列式结构。

二、技法指导

奇奇

我发现一个有趣的点，并列结构的文章感觉像一个大排比句。

神秘老师

奇奇观察得真细致。没错，并列结构的文章可以看成是把一个排比句通过扩充句子的方式改写的文章。而且这也是写并列结构的一个技巧。

妙妙

我知道排比句一般是三个句式相似、意思相关或相近的句子组合而成的。实际上，排比句的三个句子都围绕一个中心句来写。

神秘老师

没错。我们根据这个原理，总结出一种并列结构文章的快速写作方法，只需要三步，就能短时间写出一篇文辞优美、结构严谨的作文。

第一步，围绕文章的中心，写一个排比句。

第二步，把排比句的每一句话都展开成一个事例。

第三步，补全开头，开头点出中心句；补全结尾，结尾总结全文。

一篇并列结构的作文就完成啦。

奇奇

这么看并列结构真的很简单呀!用排比句写并列结构作文,不仅有写作思路,还有写作方法,每一自然段写什么内容也很清晰。

神秘老师

你来具体说说。

奇奇

先想一个中心句,接着围绕中心句写排比句,然后把排比句的每一句写成事例,最后补全开头。其实开头第一自然段写中心句就好啦,第二至四自然段分别写三个事例,第五自然段总结全文。

神秘老师

完全正确。大家再看一下《白鹅》这篇文章,是不是也是这种结构呢?

写作练笔

同学们，通过今天的学习，你学会运用并列结构写作文了吗？拿起笔，我们一起写一写吧！

1. 选择一种自己喜欢的小动物。
2. 抓住它的一个特点，写一个中心句。
3. 围绕中心句，写一个排比句。
4. 把排比句的每一句扩充成一个事例。
5. 最后，补全开头和结尾。

老师/家长点评

冬天的麻雀

▲周作人

我们住房的前面是一个院子,窗外东边是一株半枯的丁香和一丛黄刺梅,西边稍远是一棵槐树,虽在初春还是光光的树枝,同冬天一个样子,显得很是寂寞。院子里养着两只鸡,原是一公一母,可是母的是油鸡,公的却是来杭鸡。它们宿在院子西北隅的一个柳条篓内,白天在阶下啄食,每到相当时候如不撒点儿红高粱之类,公鸡便会飞上窗沿来,看里边的人为什么那么怠惰。还有一群揩油的麻雀,常停在黄刺梅丛中等候,这时也有一两只飞近门来,碰着玻璃发出声响。公鸡平常见了猫和小孩子要追了去啄或是脚踢,对于麻雀却并不排斥,让它们一同吃着,有人开门出去，麻雀才成阵地逃去，但仍旧坐在黄刺梅枝上，看人也颇信任似的，大概谅解主人们是无心的吧。那些麻雀似乎相当肥胖，想必每天要分去好些鸡的口粮，乡下有俗语云："只要年成熟，麻雀吃得几颗谷。"虽是旧思想，也说得不无理由。麻雀吃了些食料，既不会生蛋，我们也不想吃它的肉，自然是白吃算了，可是它们平时分别在檐前树上或飞或坐，任意鸣叫，叽叽喳喳的，虽然不成腔调，却也好听，特别是在这时候，仿佛觉得春天已经来了，比笼养着名贵的鸣禽听了更有意思。

我前年在上海居于横浜河畔，自冬徂（cú）夏有半年多，却不曾见到几只麻雀，即此一端，我也觉得北京要比上海为好了。

名家 介绍

周作人（1885—1967），原名櫆寿，晚年改名遐寿。中国作家、翻译家。著有《自己的园地》《雨天的书》《谈龙集》《谈虎集》《瓜豆集》《中国新文学的源流》《鲁迅的故家》《鲁迅小说里的人物》《知堂回想录》等。译有《日本狂言选》《伊索寓言》《路吉阿诺斯对话集》等。

名家写作课

神秘老师 **妙妙** **奇奇**

奇奇： 老师，最近我们学习了很多关于小猫小狗的文章，有没有关于其他小动物的文章呢？

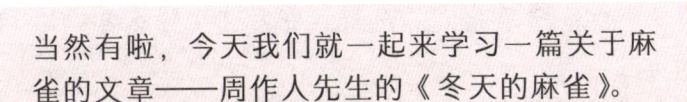

神秘老师： 当然有啦，今天我们就一起来学习一篇关于麻雀的文章——周作人先生的《冬天的麻雀》。

妙妙： 这篇文章看题目就很有意思！

神秘老师： 你们来思考一个问题：作者在文章开头的第一句提到窗外的树的时候，为什么要写"显得很是寂寞"呢？

奇奇： 作者这么写，应该是觉得自己一个人很孤单的意思吧。

妙妙： 我猜肯定和描写麻雀有很大联系，但具体是什么联系，我也说不清。

没关系，今天我们要学习的写作技法就和这个问题的答案有关，我们先来看看这篇文章写了什么吧。

文章题目虽然是冬天的麻雀，实际上既写了麻雀，还写了鸡。而且运用了很多动作描写，比如写公鸡和母鸡的时候，分别用了"啄""飞""看"三个动词，把两只鸡吃东西和活动的样子写得活灵活现。

妙妙总结得很棒。奇奇，你发现了什么？

作者写到麻雀的时候，也运用了动作描写，分别是"等候""飞""逃""坐""谅解"等。而且我发现这里运用了连续动作描写，"等候"是观察，"飞"是试探，"逃"是害怕被抓，"坐"是二次观察敌情，"谅解"是虚惊一场。几个连续的动作把麻雀偷偷吃粮食，被人发现之后惊慌逃窜，再到发现虚惊一场的行为刻画得活灵活现，体现了麻雀的活泼和爱凑热闹的特点。最后还写到了"鸣叫"，又从听觉上进一步强调了麻雀活泼的特点。

你们总结得太棒啦！作者通过对鸡和麻雀的动作的刻画，生动地描绘了一幅冬日普通人家院落趣事的画面，不仅表现了麻雀和鸡活泼的性格特点，也表达了作者对这种安静生活的赞美之情。

既然这样，作者为什么还要在开头写"显得很是寂寞"呢？感觉这句话和后边的活泼氛围完全相反，好像有些不合时宜。

我倒认为麻雀和鸡不合时宜，为什么这么说呢？你们看文章开头，现在是初春，草木还没有发芽，树枝光秃秃的，毫无生机，所以作者说"显得很是寂寞"。这是当时的真实写照。然而，院子里的鸡和麻雀仿佛完全没有受到季节的影响，依然很活跃，它们的心情没被环境影响到。说到这里，你们发现鸡和麻雀与此时的季节是什么关系了吗？

我想到了，是对比。

不，我觉得是衬托。用初春的"寂寞"，衬托麻雀和鸡的"活泼"。

妙妙答对了，作者在这里运用了衬托的写法。而且是一种特殊的衬托——反衬，意思是用相反的事物衬托，借此来突出所描绘的事物。作者在这里就通过描写环境，来反衬小动物的性格特点。最后我们总结一下本文的思路吧。

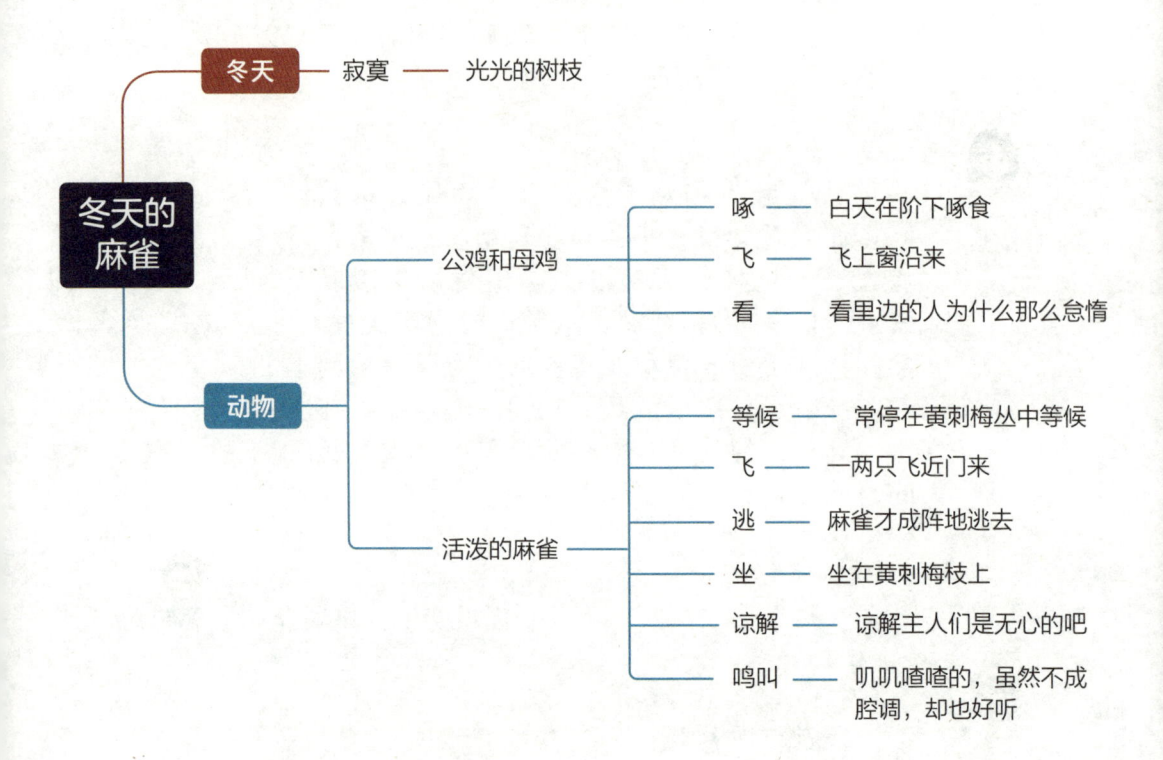

```
冬天的麻雀
├─ 冬天 ── 寂寞 ── 光光的树枝
└─ 动物
    ├─ 公鸡和母鸡
    │   ├─ 啄 ── 白天在阶下啄食
    │   ├─ 飞 ── 飞上窗沿来
    │   └─ 看 ── 看里边的人为什么那么怠惰
    └─ 活泼的麻雀
        ├─ 等候 ── 常停在黄刺梅丛中等候
        ├─ 飞 ── 一两只飞近门来
        ├─ 逃 ── 麻雀才成阵地逃去
        ├─ 坐 ── 坐在黄刺梅枝上
        ├─ 谅解 ── 谅解主人们是无心的吧
        └─ 鸣叫 ── 叽叽喳喳的，虽然不成腔调，却也好听
```

写作加油站

一、思路点拨

奇奇

为什么不是对比呢，对比和衬托有什么区别吗？

神秘老师

对比指的是两个或者多个事物有着不同的特点，把它们同时罗列出来进行比较。但是比较的时候，没有主次，没有好坏，对比的目的是介绍和说明，让读者知道它们之间的不同点。

奇奇

哦，也就是说对比是不带个人感情色彩的。比如比较小猫和小狗的习性，分别列出它们各自的习性就可以了。小狗爱啃骨头、小猫爱吃鱼，不存在生活习惯好不好的问题，因为这属于它们的天性，没有好坏，只是不同而已。

神秘老师

这个例子举得很恰当。对比主要突出的是各自的不同；而衬托呢，重在一个"托"字。托是托起的意思，很明显，衬托就是相互比较的两个事物，一个要把另一个托起来，让另一个更加突出。

妙妙

我也用奇奇的例子来说明，同样是比较小猫和小狗，假如都写它们和人类的关系，小狗爱黏人，经常摇尾巴讨好主人；而小猫冷冰冰的，对人爱搭不理。这样就可以用小猫的"冷冰冰"来衬托小狗的"爱黏人"。

神秘老师

没错，是这样的。运用衬托时，虽然同样是描写了两个事物，但其中一个是主要的，另一个是次要的，目的是用次要的来突出主要的。所以写文章的时候，有的时候专注于对事物特征的描写，反而不足以让读者记住。不如运用衬托，一正一反，一好一坏，更好地突出所描写事物的特点。

二、技法指导

妙妙

老师，衬托具体怎么运用呢？有哪些方法？

神秘老师

回答这个问题之前，我们先来看看衬托都有哪些类型吧！从衬托的事物和所描绘的事物的关系来看，衬托可以分为正衬与反衬。

1. 正衬就是用好的衬托好的。描写的两个事物之间的特点是一致的。
2. 反衬就是用坏的衬托好的。描写的两个事物之间的特点是相反的。

奇奇

反衬我明白了,比如在《冬天的麻雀》中,用冬天的"寂寞"来反衬麻雀的"活泼"。但正衬怎么用呢?

神秘老师

举个例子,奇奇,如果你想写自己学习非常刻苦努力,除了直接写你学了多久,学到多晚之外,还可以写一写古人头悬梁锥刺股的故事。这就是正衬。

奇奇

我明白了,下次老妈说我学习不刻苦努力,我就给她讲这个故事。

妙妙

你要是不学习就讲这个故事,就变成反衬啦!

奇奇

说的也对。

神秘老师

了解完衬托的类型，我们再来说说如何运用衬托。比如我们今天学的用环境衬托小动物的性格特点就是其中一种运用手法，它有一个专用词汇：

以景衬物，意思是用景物描写，来衬托小动物的性格特点。

此外，还有：

以动衬静，指用动态的景物来反衬静态的景象，从而突出静谧的氛围。

妙妙

以动衬静让我想起了王维的《山居秋暝》：明月松间照，清泉石上流。写的是秋雨过后，山间清幽的风景。"清泉石上流"这句诗恰巧是用清泉的动，衬托了山的静。

神秘老师

妙妙解读得非常棒。你们最近进步了很多，举的例子都非常恰当。这说明你们对衬托的写法已经掌握得很好了。

写作练笔

同学们,通过今天的学习,你学会运用衬托这种表现手法了吗?快拿起笔,亲自练一练吧!

1. 选择一个自己喜欢的小动物,描写它的性格特点。
2. 试着通过周围的环境等反衬它的性格特点。

老师/家长点评

名篇欣赏

牛（节选）

▲叶圣陶

在乡下住的几年里，天天看见牛。可是直到现在还像显现在眼前的，只有牛的大眼睛。冬天，牛拴在门口晒太阳。它躺着，嘴不停地磋磨，眼睛就似乎比忙的时候睁得更大。牛的眼睛太大，又鼓得太高，简直到了使你害怕的程度。我进院子的时候经过牛身旁，总注意到牛鼓着的两只大眼睛在瞪着我。我也体会不出它为什么这样瞪着我，总距离它远远地绕过去。

我们院子里有好些小孩，活泼，天真，当然也顽皮。

有好几回，我见牛让他们惹得发了脾气。

他们一个个远远地站着，捡些石子，朝牛扔去。起先，石子不怎么大，扔在牛身上，那一搭皮肤马上轻轻地抖一下，像我们的嘴角动一下似的。渐渐地，捡来的石子大起来了，扔到身上，牛会掉过头来瞪着你。要是有个孩子特别胆大，特别机灵，他会到竹园里找来一根毛竹。伸得远远的去撩牛的尾巴，戳牛的屁股，把牛惹起火来。

玩到最后，牛站起来了，于是孩子们"轰"的一声，四处跑散。

有一回，正巧一个长工打院子里出来，他一把捉住个孩子，"莫跑，"他说，"见了牛都要跑，改天还想吃庄稼饭？"他朝我笑笑说，"真的，牛不消怕得，你看它有那么大吗？它不会撞人的。牛的眼睛有点不同。"

"比方说，我们看见这根木头桩子，牛眼睛看来就像一根撑天柱。比方说，一块田十多亩，牛眼睛看来就没有边，没有沿。牛眼睛看出来的东西，都比原来大，大许多许多。看我们人，就有四金刚那么高，那么大。站到我们跟前它就害怕了，它不敢倔强，随便拿它怎么样都不敢倔强。它当我们只要两个指头就能捻死它，抬一抬脚趾就能踢它到半天云里。不然的话，还让你使唤啊。我们跟牛，五个抵一个都抵不住。好在牛眼睛看出来，我们一个抵它十几个。"

以后，我进出院子的时候，总特意留心看牛的眼睛，我明白了另一种使人看着不自在的意味。那黄色的浑浊的瞳仁，那老是直视前方的眼光，都带着恐惧的神情，这使眼睛里的恨转成了哀怨。站在牛的立场上说，如果能去掉这双眼睛，成了瞎子也值得，因为得到自由了。

名家介绍

叶圣陶（1894—1988），名绍钧，字秉臣，后改字圣陶。中国作家、教育家、出版家、社会活动家。曾发表童话集《稻草人》和小说集《隔膜》《火灾》等。

名家写作课

神秘老师　妙妙　奇奇

神秘老师，昨天作文课上，语文老师让我们描写一次植树活动。但是我们把作文交上去之后，老师不太满意，说我们写得太简单了。

没错没错，我觉得我写得很详细呀，还按照起因、经过和结果的记叙顺序，把植树的过程写得很有趣。

同学们，我猜语文老师说的"简单"应该不是说你们描写得简单，而是主旨和立意太简单了。你们是不是写完了种树的过程之后就结束啦？

是呀！

难道还能写别的内容？

今天我通过叶圣陶先生的一篇文章，来解答一下你们的疑惑吧！这篇文章叫《牛》，由于原文比较长，我只节选了一部分。首先来看节选部分写了什么事情。

《牛》写了一个小故事，通过长工讲述牛眼的特殊结构，作者明白了为什么牛总用怨恨的眼神瞪人却又不敢真的反抗的原因。

好，接下来，我们就从头到尾梳理一下文章的写作思路。开头第一自然段，作者运用了两个我们已经讲过的小技巧，一个是关于情节的，一个是关于动物描写的，你们能找出来吗？

开头，作者运用特征法来描写牛的眼睛，牛的眼睛的特点是很大，鼓得高，让人害怕；接着写到了眼睛的状态：鼓着两只大眼睛瞪人。

那我就来说情节安排上运用的写法吧。作者运用了悬念法开头，第一自然段就提出了一个疑问：牛为什么总瞪人呢？通过提出疑问，引发读者的好奇，吸引读者往下看。

没错。然后我们看中间部分，主要写了两件事，第一件写小孩子逗弄牛，第二件写长工给"我"讲关于牛眼的"知识"。这和牛瞪人有什么关系呢？

牛之所以瞪人，和被小孩子们耍弄脱不开关系。"轻轻地抖一下""掉过头来瞪着""牛站起来"三个动作描写，刻画出牛被欺负时的无奈和委屈。所以牛总瞪人，其实是缘于怨恨。作者通过这件事解答了开头的疑问。

而长工讲的关于牛眼的"知识",才是耐人寻味的。牛本来是很健壮、很强大的动物,在草原上有时候就连狮子都拿它没办法。牛为什么害怕人,尤其是遭到耍弄的时候也只是"掉过头来瞪着",没有冲撞过去呢?秘密都在牛的眼睛中。长工的讲述解答了前文牛为什么只瞪人而不反抗这一疑惑,和牛被人耍弄的事形成了递进关系。

没错,不仅仅是逻辑关系上的递进,更是情感上的铺垫。结尾的时候,作者说"站在牛的立场上说,如果能去掉这双眼睛,成了瞎子也值得,因为得到自由了",这句话运用了借物喻人的写法,表面上说的是牛,实际升华到了人的身上。

原来是这样,牛就像当时社会中的普通老百姓,被人奴役和压迫。所以作者是从牛被压迫这件小事,想到了人被压迫的事。

是这样的,写小事而突出大主题,这就是今天我们要重点学习的以小见大的写法。这篇文章通过剖析牛被奴役的原因,鼓励当时遭受苦难的人们勇敢反抗。事情虽然小,但主旨很宏大。

哦,我明白了。这就是为什么我们写的关于植树的作文被老师批评的原因,原来我们光写植树这件小事,没有升华到保护环境这个大主题上来呀!

奇奇，你终于抓住重点啦！这篇文章就讲到这里，我们总结一下本文的思路吧。

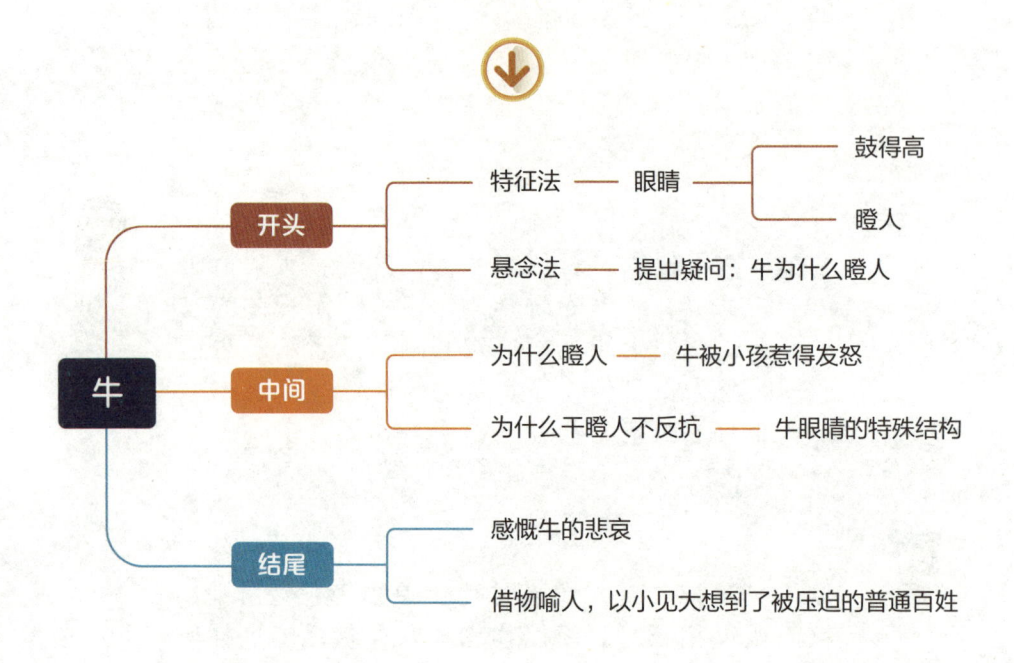

```
                                              ┌── 鼓得高
                    ┌── 特征法 ── 眼睛 ──┤
         ┌── 开头 ──┤                    └── 瞪人
         │          └── 悬念法 ── 提出疑问：牛为什么瞪人
         │
         │          ┌── 为什么瞪人 ────── 牛被小孩惹得发怒
    牛 ──┼── 中间 ──┤
         │          └── 为什么干瞪人不反抗 ── 牛眼睛的特殊结构
         │
         │          ┌── 感慨牛的悲哀
         └── 结尾 ──┤
                    └── 借物喻人，以小见大想到了被压迫的普通百姓
```

写作加油站

一、思路点拨

妙妙

老师，之前我们讲过结尾如何升华主题，其中就包括以小见大的写法。

神秘老师

没错，以小见大写法的一个作用就是升华主题。不过就像之前说的，以小见大往往用于说明某种道理或者哲理，引发人的思考。

奇奇

如何在作文中运用以小见大的写法呢？

神秘老师

以小见大的难点并不在于运用，而在于平时的积累和思考。因为以小见大是需要通过一件小事揭示深刻的道理，这可不是临时抱佛脚，想用就能用的。为此，我们可以建立自己的"素材档案"。

妙妙

素材档案是什么？

神秘老师

素材档案是为了写作文而积累的各种素材，因为以小见大经常是从故事中揭示深刻的道理，所以素材档案包括成语故事、历史故事、名人故事、名人名言、真实经历等。老师把这些总结成了表格供大家参考。

日期	素材	蕴含的道理	读后感	我得到的	我联想到的
周一	成语故事				
	历史故事				
	名人故事				
	名人名言				
	真实经历				
周二	成语故事				
	历史故事				
	名人故事				
	名人名言				
	真实经历				

每天积累两三个小素材就可以了。不过要持之以恒。积累得多了，总结得多了，以小见大运用起来就会得心应手了。

二、技法指导

神秘老师

有了素材,接下来就需要运用以小见大的写法写文章了,老师在这里给大家总结了三种技巧。

妙妙

老师快给我们讲讲吧。

神秘老师

第一种方法叫作联想法,指的是通过寻找两种事物之间或者某个事物和某类事情之间的共性,从而产生联系的方式来以小见大。

奇奇

我来试着举个例子。比如我看到了一群蚂蚁共同搬运食物。通过蚂蚁们的合作,我能够联想到学校举办活动时同学们的合作。我是不是就可以通过写蚂蚁们的合作来以小见大,揭示同学们培养团队协作精神的重要性呀?

神秘老师

没错,奇奇这个例子完全正确。这就是联想法。第二种方法叫作类比法,顾名思义,就是把一个小的事物类比成大的事物。这与借物喻人有些类似。比如我们今天学习的这篇文章,就是将"小"的牛,类比成了"大"的人,并且扩展到了整个社会。

妙妙

那第三种方法是什么呢?

神秘老师

第三种方法叫作归纳法,意思是将多个小的事情进行归纳和总结,得出普遍适用的结论。

奇奇

这个听起来好难呀!

神秘老师

我举个例子你们就明白了。归纳法有点像之前我们讲过的并列结构,比如文章里列举了三件小事,分别是扶老奶奶过马路得到赞许,帮助快递小哥捡掉落的快递得到感谢,替叔叔找到丢失的钱包得到表扬。通过这三件小事归纳总结出助人为乐能让社会更美好的结论。

妙妙

听老师这么一分析,好像运用以小见大的写法也不难嘛!

神秘老师

总之,再复杂的技法,都是用来抒发情感、表达思想观点的。而情感和思想观点则来自平时的积累。大家从今天开始,建立自己的素材档案吧!

写作练笔

今天的内容学习完了,你学会运用以小见大的写法了吗?快拿起笔,动手写一写吧!

1. 选一种喜欢的动物。
2. 找一找关于它的故事或者寓言。
3. 从中总结某种道理。

老师/家长点评

名篇欣赏

没有秋虫的地方（节选）

▲叶圣陶

秋天来了，记忆就轻轻提示道："凄凄切切的秋虫又要响起来了。"可是一点影响也没有，邻舍儿啼人闹弦歌杂作的深夜，街上轮震石响邪许并起的清晨，无论你靠着枕头听，凭着窗沿听，甚至贴着墙角听，总听不到一丝秋虫的声息。并不是被那些欢乐的劳困的洪大的清亮的声音淹没了，以致听不出来，乃是这里根本没有秋虫。啊，不容留秋虫的地方！秋虫所不屑居留的地方！

若是在鄙野的乡间，这时候满耳朵是虫声了。白天与夜间一样地安闲；一切人物或动或静，都有自得之趣；嫩暖的阳光和轻淡的云影覆盖在场上，到夜呢，明耀的星月和轻微的凉风看守着整夜，在这境界这时间里唯一足以感动心情的就是秋虫的合奏。它们高低洪细疾徐作歇，仿佛经过乐师的精心训练，所以这样地无可批评，踌躇满志。其实它们每一个都是神妙的乐师；众妙毕集，各抒灵趣，哪有不成人间绝响的呢。

虽然这些虫声会引起劳人的感叹、秋士的伤怀、独客的微喟、思妇的低泣；但是这正是无上的美的境界，绝好的自然诗篇，不独是旁人最喜欢吟味的，就是当境者也感受一种酸酸的麻麻的味道，这种味道在另一方面是非常隽永的。

大概我们所祈求的不在于某种味道，只要时时有点儿味道尝尝，就自诩为生活不空虚了。假若这味道是甜美的，我们固然含着笑来体味它；若是酸苦的，我们也要皱着眉头来辨尝它：这总比淡漠无味胜过百倍。我们以为最难堪而亟欲逃避的，唯有这个淡漠无味！

所以心如槁木不如工愁多感，迷蒙的醒不如热烈的梦，一口苦水胜于一盏白汤，一场痛哭胜于哀乐两忘。这里并不是说愉快乐观是要不得的，清健的醒是不必求的，甜汤是罪恶的，狂笑是魔道的；这里只是说有味远胜于淡漠罢了。

所以虫声终于是足系恋念的东西。何况劳人秋士独客思妇以外还有无量数的人。他们当然也是酷嗜趣味的,当这凉意微逗的时候,谁能不忆起那美妙的秋之音乐?

可是没有,绝对没有!井底似的庭院,铅色的水门汀地,秋虫早已避去唯恐不速了。而我们没有它们的翅膀与大腿,不能飞又不能跳,还是死守在这里。想到"井底"与"铅色",觉得象征的意味丰富极了。

名家写作课

神秘老师 **妙妙** **奇奇**

妙妙：老师，意境是什么意思？为什么很多人提到作文都会说有意境的文章才是好文章？

神秘老师：意境从字面上理解是"意"和"境"相结合。意境是文学作品通过形象描写表现出来的境界和情调。

奇奇：也就是说，想要让文章有深度，既要有具体的形象描写，又要有表现出来的境界和情调。

神秘老师：没错。文字本来就是用来交流的，而交流是传递感情的重要方式。所以，我们写文章也不能只是简单地描写，抒发情感才是目的。今天我们就通过叶圣陶先生的《没有秋虫的地方》这篇文章，来学习如何营造文章的意境吧！

奇奇：老师，我们从哪里开始分析呢？

神秘老师：我们先看前两个自然段都写了什么。

第一自然段由环境的渲染起笔，营造出一种冷漠无味的艺术氛围。"邻舍儿啼人闹弦歌杂作的深夜""街上轮震石响邪许并起的清晨"指城市生活场景令人窒息，毫无生气。作者本来想听一听秋虫的鸣叫，结果"这里根本没有秋虫"，让作者有些失望。

第二自然段和第一自然段恰好相反，写的是乡村的生活场景。"嫩暖的阳光和轻淡的云影覆盖在场上"写的是秋天乡村白天的景象，蓝天白云，阳光明媚。"明耀的星月和轻微的凉风看守着整夜"写的是秋天乡村晚上的景象，有明亮的月色，清凉的晚风，这些描写勾画出一幅充满趣味的乡村水墨画。更让人叫绝的是秋虫的鸣叫，"它们高低洪细疾徐作歇，仿佛经过乐师的精心训练"，这各抒灵趣的虫声趣味盎然，充满了自然之美。

你们说的都很正确。不过你们发现了吗？前两自然段的场景都是作者的亲身经历，属于真实的描写，而两者却形成了鲜明的对比。通过这种鲜明的对比，突出了作者对乡村生活和乡村自然情趣的怀念。紧接着，从第三自然段开始，作者陷入沉思。

作者由虫鸣想到了"劳人的感叹、秋士的伤怀、独客的微喟、思妇的低泣"。

没错，不过作者话锋一转——虽然这种情感不免有些伤春悲秋，但在作者看来，哪怕有这些不同的"味道"，也比"淡漠无味胜过百倍"。所以相较于毫无生气的城市生活，作者更向往富有大自然情趣的乡村生活。

老师，我倒觉得虫鸣不单纯指虫鸣，更代表了作者对家乡的思念。

是这样的。作者从渲染环境的实写起笔，通过对比引出了议论和抒情。而议论和抒情的内容是现实不存在的，所以叫作虚写。通过虚实结合的描写，由实写引发情感，进而抒发情感，将作者对清心明目、虫声唧唧、生机勃勃的乡村生活的向往，以及对浓浓的乡情和亲情的怀念，展现得淋漓尽致。

而且更巧妙的是，秋虫鸣叫又引发作者的想象，作者想到了"劳人的感叹、秋士的伤怀、独客的微喟、思妇的低泣"，丰富了文章的内涵。

没错，细想一下，"劳人的感叹、秋士的伤怀、独客的微喟、思妇的低泣""当境者也感受一种酸酸的麻麻的味道"都是不存在的，是作者通过虫鸣而引发的想象。这种先描写真实存在的事物，又从真实事物引申出想象的事物的写法，就是虚实结合。虚实结合不仅丰富了文章的内涵，还深化了文章的主旨。

> 这让我想起了之前学过的结尾升华的写法，一下就能深化文章的主旨。

> 没错。作者通过想象由实写进入虚写，不仅丰富了文章的内涵，深化了文章主旨，还营造了如诗如画的意境，可以说是一举两得。最后，我们一起总结一下本文的思路吧。

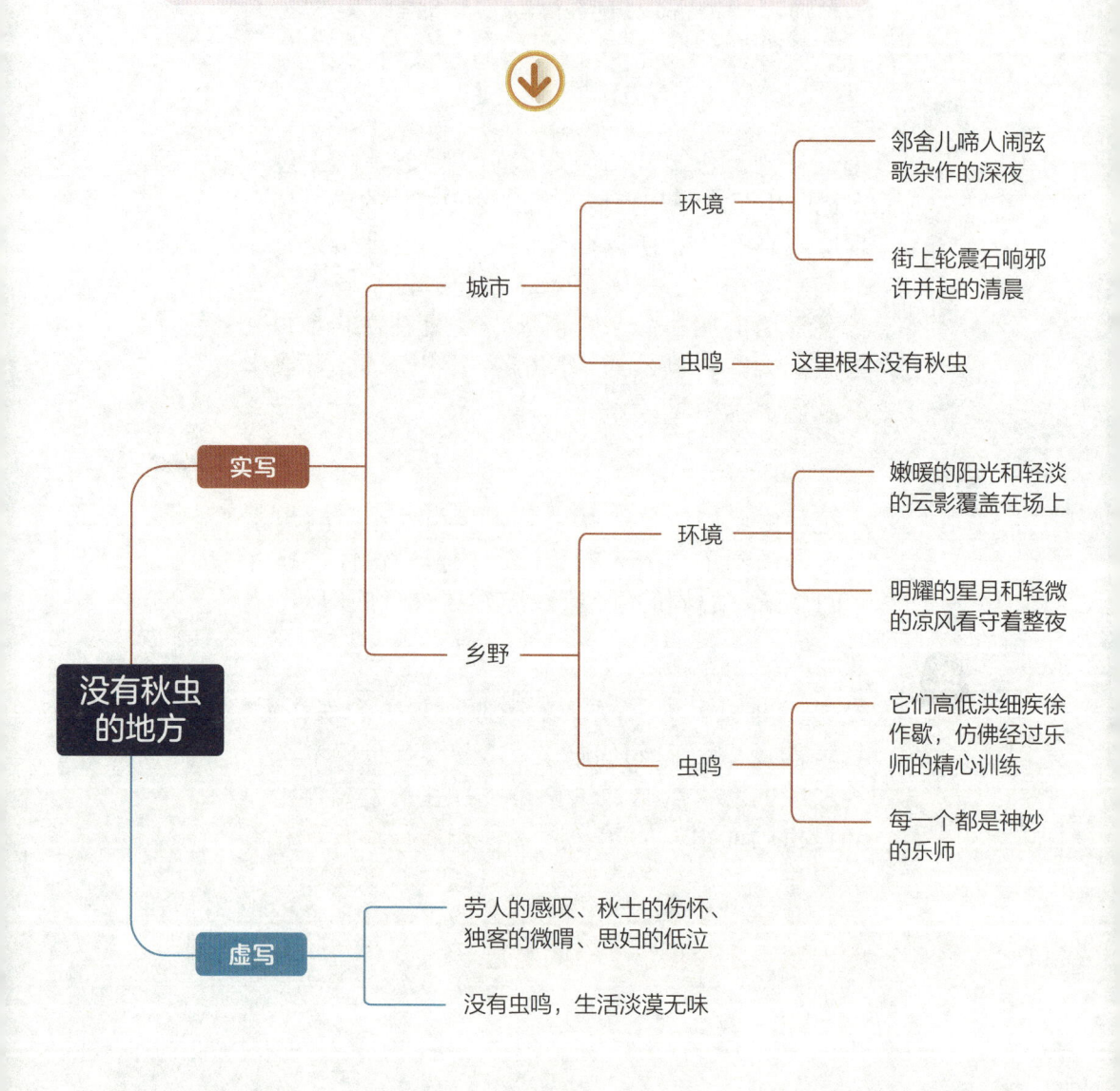

没有秋虫的地方

- **实写**
  - 城市
    - 环境
      - 邻舍儿啼人闹弦歌杂作的深夜
      - 街上轮震石响邪许并起的清晨
    - 虫鸣 —— 这里根本没有秋虫
  - 乡野
    - 环境
      - 嫩暖的阳光和轻淡的云影覆盖在场上
      - 明耀的星月和轻微的凉风看守着整夜
    - 虫鸣
      - 它们高低洪细疾徐作歌，仿佛经过乐师的精心训练
      - 每一个都是神妙的乐师
- **虚写**
  - 劳人的感叹、秋士的伤怀、独客的微喟、思妇的低泣
  - 没有虫鸣，生活淡漠无味

写作加油站

一、思路点拨

神秘老师

关于虚实结合的作用，清朝唐彪编撰的《读书作文谱》里面有一句写的是："文章非实不足以阐发义理，非虚不足以摇曳神情，故虚实常宜相济也。"意思是：文章里对具体事物的描写能够揭示事物的本质，而虚写是为了激发情感，所以写文章一定要虚实结合才最好。

妙妙

这么看来，之前我们学习的《荷花》等课文都属于虚实结合吗？

神秘老师

没错。《荷花》的前面描写清晨美丽的荷花，后面描写"忘我之境"属于最基本的虚实结合。另外，虚实结合的写法有很多种形式，可以归纳成两类：

第一类，回忆型虚实结合。
第二类，想象型虚实结合。

奇奇

第一类回忆型，是不是指对过去的回忆？

神秘老师

奇奇说对了一部分。叶圣陶先生在《没有秋虫的地方》这篇文章写到的乡村的虫鸣声是真实存在的,而记忆中的"凄凄切切的秋虫"声是虚构的。

妙妙

从这个例子不难看出,回忆型虚实结合里的回忆要和描写的事物有关联。老师,是这样吗?

神秘老师

完全正确。而第二类想象型虚实结合就是平时我们最常用的,比如刚才妙妙说的《荷花》这篇文章,就是在描写景物的时候想象出一个"忘我之境"。

二、技法指导

神秘老师

平时我们的作文中最常用的是想象型的虚实结合。虚实结合能丰富文章的内涵,通常有三种方法:

1. 议论或者抒情。
2. 梦境联想。
3. 营造意境。

妙妙

我知道议论或者抒情，前面讲过很多了。梦境联想是什么意思呢？

神秘老师

梦境联想的方法在冰心女士的文章里经常见到，比如《我梦中的小翠鸟》这篇文章，作者描绘梦中的情景，用梦境中的小翠鸟象征自己和自己毕生的理想和追求，清新脱俗中满是诗情画意。

奇奇

如果我写校园的风景，随后和我的梦境联系起来，就能让我的文章充满梦幻色彩，不仅使风景描写给人一种神秘感，而且还提升了文章的档次。

神秘老师

奇奇举的这个例子很好，是写景抒情散文的思路。

奇奇

那第三种方法：营造意境是什么意思呢？

神秘老师

营造意境是指由眼前的事物想象出某种虚幻的场景，营造超越环境本体的境界。比如看到动物园的猴子，想到了"两岸猿声啼不住"，这就是营造意境。营造意境能通过艺术手段将情感与景象融合，创造出能够感动人心、引发共鸣的艺术境界，使欣赏者在欣赏过程中获得审美享受和情感共鸣。

虚实结合除了营造意境外，还能让文辞优美。

妙妙

怎样让我们写的句子变优美呢？

神秘老师

我举个例子。大家各说一句话来表达自己的心情愉快，注意要和动物有关。

奇奇

我先说。

我漫步在校园的小道上，周围的小鸟叽叽喳喳，似乎在冲我微笑。

妙妙

我也会。

一阵微风吹来，湖面的天鹅扇动翅膀，向我摆手表示欢迎。

神秘老师

没想到大家写得这么好。你们发现了吗?"我漫步在校园的小道上,周围的小鸟叽叽喳喳"和"一阵微风吹来,湖面的天鹅扇动翅膀"是实写,而"似乎在冲我微笑""向我摆手表示欢迎"都运用了拟人的手法,属于想象的虚写,这就是虚实结合。

由此可见,我们平时运用的拟人、比喻、夸张、象征等修辞,都属于虚写。只要合理运用虚实结合,就可以增加文章的趣味性和生动性。

写作练笔

同学们,通过《没有秋虫的地方》的学习,你掌握虚实结合的种类和写法了吗?快来动手试一试吧!

1. 在你的生活中,有没有和小动物相关的难忘经历?
2. 回想一下那件事情的经过,试着用虚实结合的写法写下来吧。

老师/家长点评

名篇欣赏

猫（节选）

▲靳 以

猫好像在活过来的时日中占了很大的一部，虽然现在一只也不再在我的身边厮扰。

当着我才进了中学，就得着了那第一只。那是从一个友人的家中抱来，很费了一番手才送到家中。她是一只黄色的，像虎一样的斑纹，只是生性却十分驯良。那时候她才下生两个月，也像其他的小猫一样欢喜跳闹，却总是被别的欺负的时候居多。友人送我的时候就这样说：

"你不是欢喜猫么，就抱去这只吧。你看她是多么可怜的样子，怕长不大就会死了。"

我都不能想那时候我是多么高兴，当我坐在车上，装在布袋中的她就放在我的腿上。啊，她是一个活着的小动物，时时会在我的腿上蠕动的。我轻轻地拍着她，她不叫也不闹，只静静地卧在那里，像一个十分懂事的东西。我还记得那是夏天，她的皮毛使我在冒着汗，我也忍耐着。到了家，我放她出来。新的天地吓得她更不敢动，她躲在墙角或是椅后那边哀哀地鸣叫。她不吃食物也不饮水，为了那份样子，几乎我又送她回去。可是过了两天或是三天，一切就都很好了。家中人都喜欢她，除开一个残忍成性的婆子。我的姐姐更爱她，每餐都是由她来照顾。

到了长成的时节，她就成为更沉默更温和的了。她从来也不曾抓伤过人，也不到厨房里偷一片鱼。她欢喜蹲在窗台上，眯着眼睛，像哲学家一样地沉思着。那时候阳光正照了她，她还要安详地用前爪在脸上抹一次又一次的。家中人会说："链哥儿抱来的猫，也是那样老实啊！"

到后她的子孙们却是有各样的性格。一大半送了亲友，留在家中的也看得出贤与不肖。有的竟和母亲争斗，正像一个浪子或是泼女。

她自己活得很长远，几次以为是不能再活下去了，她还能勉强地活过来，终于一双耳朵不知道为什么枯萎下去。她的脚步更迟钝了，有时鸣叫的声音都微弱得不可闻了。

她活了十几年，当着祖母故去的时候，已经入殓，还停在家中；她就躺在棺木的下面死去。想着是在夜间死去的，因为早晨发觉的时候她已经僵硬了。

名家介绍

靳以（1909—1959），原名章方叙。1933年起先后主编《文学季刊》《文季月刊》《文丛》等文学期刊。并著有长篇小说《前夕》，短篇小说集《红烛》《青山花》《落珠集》等。

名家写作课

神秘老师　　妙妙　　奇奇

老师，我奶奶家以前养过一只小猫，从刚满月抱回家直到年后死去，养了十多年。我以前去奶奶家玩儿还经常逗它，每次见到它都有不同的特点。我想把这些年见到的小猫的不同特点都写下来，应该怎么写呢？

妙妙问的问题非常好，你的问题涉及了描写小动物时的文章顺序。在这里我先卖个关子，学习完今天的文章，你就明白应该怎么写了。

老师，今天我们学哪位作家的文章呀？

今天我们学习靳以的《猫》。这篇文章讲述了作者三次养猫的经历，由于原文篇幅比较长，所以我节选第一部分来学习文章的写作顺序。刚才妙妙提到想描写不同时间段小猫的不同特点，那我们就以表示时间的词为关键词。大家在文章中找一找有哪些表示时间的关键词？

第二自然段中的"那时候她才下生两个月"，第四自然段中的"过了两天或是三天"，第五自然段中的"到了长成的时节"，第八自然段中的"她活了十几年"。

妙妙找得很全面，大家看这几个表示时间的关键词，实际上恰好表示了小猫的各个年龄段。

我知道，这叫时间顺序！

没错，今天我们学习的就是时间顺序。平常我们描写小动物都会写毛色、大小、生活习性、叫声等，这叫多角度描写。但很容易出现千篇一律的情况。而按照时间顺序描写小动物，就能避免这种情况。因为小动物在不同时间段的特点是不同的，这样更能把小动物的特点描写得全面多样。

那么接下来，大家找一找，文章里四个时间段的小猫各有哪些特点？分别用了什么描写方法？

我先说，小猫两个月的时候，"欢喜跳闹"。但被作者抱回家的时候，就显得有点怯懦，比如"时时会在我的腿上蠕动的""只静静地卧在那里""新的天地吓得她更不敢动""躲在墙角或是椅后那边哀哀地呜叫"。作者运用最多的就是动作描写和神态描写。"蠕动""卧""躲""叫"体现了小猫在新环境中的不安，而"静静地""哀哀地"两处神态描写，更是把小猫的怯懦写得生动形象。

接下来是到家两三天后，作者写道"一切就都很好了"，表示小猫完全适应了新环境。然后是长成的时节，"更沉默更温和"是神态描写，"不曾抓伤过人""不到厨房里偷一片鱼""蹲在窗台上""眯着眼睛""用前爪在脸上抹一次又一次"都是动作描写，表现了小猫平和的性格特点。

最后是十几年后，"耳朵不知道为什么枯萎下去""脚步更迟钝""鸣叫的声音都微弱得不可闻了"三处描写，说明小猫已步入老年时期，全身上下都是衰老的状态，最后"躺在棺木的下面死去"了。

大家总结得都不错，我们最后从整体上来看一下。作者开头写小猫最初的样子："黄色的，像虎一样的斑纹"，这说明新生的小猫不仅形态像老虎，而且"欢喜跳闹"，性格也像小老虎一样顽皮。而随着年龄的增长，它慢慢变得沉默温和，也不跳闹了，而是"蹲在窗台上""眯着眼睛"，直到最后耳朵枯萎、鸣叫声微弱。我们能看出随着时间的推移，小猫的特点也在变化。而这种循序渐进的变化，反而赋予了小猫生命的质感。它不再是作者笔下冷冰冰的文字，而是一个鲜活的生命。这就是按照时间顺序描写小动物的好处。

还真是这样。以往我们描写小动物，都是雪亮的眼睛、光亮的皮毛、嘹亮的叫声，感觉每个人写的小猫小狗都一样。但如果按照时间顺序来写，更能体现出小动物的特点。老师，我学会了！

很好。最后我们总结一下本文的思路吧！

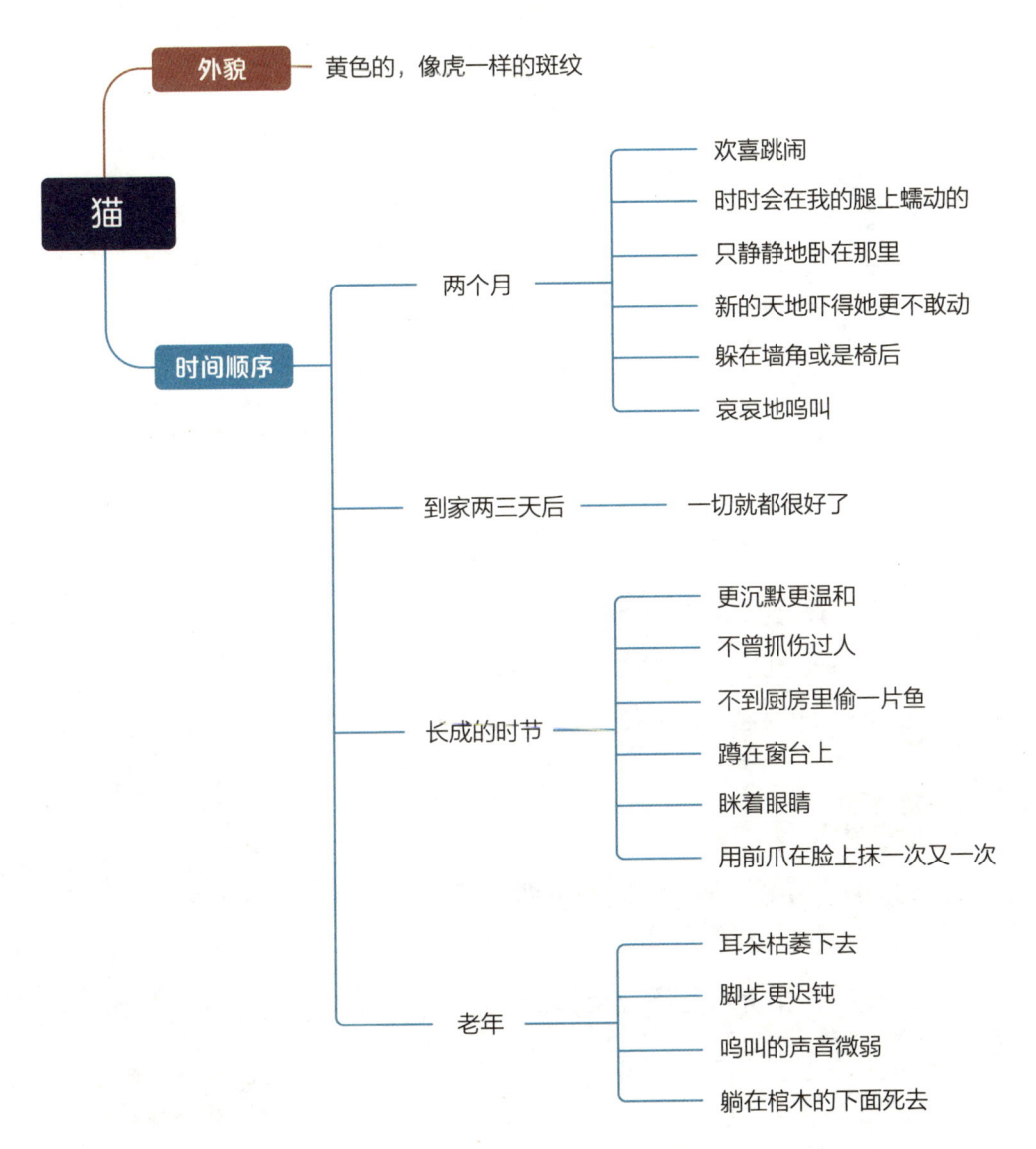

猫

- **外貌**: 黄色的，像虎一样的斑纹
- **时间顺序**:
  - 两个月:
    - 欢喜跳闹
    - 时时会在我的腿上蠕动的
    - 只静静地卧在那里
    - 新的天地吓得她更不敢动
    - 躲在墙角或是椅后
    - 哀哀地鸣叫
  - 到家两三天后: 一切就都很好了
  - 长成的时节:
    - 更沉默更温和
    - 不曾抓伤过人
    - 不到厨房里偷一片鱼
    - 蹲在窗台上
    - 眯着眼睛
    - 用前爪在脸上抹一次又一次
  - 老年:
    - 耳朵枯萎下去
    - 脚步更迟钝
    - 鸣叫的声音微弱
    - 躺在棺木的下面死去

写作加油站

一、思路点拨

奇奇

按照时间顺序描写小动物很简单嘛，只要找到几个不同的时间点，依次写毛色、大小、生活习性就行啦！

神秘老师

是这个道理，但按照时间顺序描写小动物时还是需要注意几个问题的。

1. 时间跨度不能太接近。
2. 每个时间段描写的内容要统一。
3. 描写的内容要循序变化。

妙妙

时间跨度不能太接近，这一点很好理解。比如一天时间内，早中晚三个时间段描写小狗，这么短的时间它几乎没有什么变化，所以是不合理的。

神秘老师

是这样的。按照时间顺序描写小动物时，时间跨度越大越好，这样小动物的变化才明显，更能写出不一样的特点。

奇奇

第二点是什么意思呢?

神秘老师

每个时间段描写的内容要统一,比如今天学习的这篇文章,作者描写了四个时间段内小猫的不同特点,但每一个时间段描写的都是小猫的动作和神态,这就是描写的内容统一。假如两个月的时候写毛发,长成的时候写动作,老年的时候写神态,三个时间段三种内容,相互之间没有对比、没有渐进、没有关联,这种按照时间顺序的描写就没有做到整体和局部的统一,就是不合格的描写。

妙妙

我想到了,之所以描写内容要统一,实际上和第三点也有关系。描写的内容要循序变化,只有每个时间段的内容统一了,才有对比,才能描绘出一个鲜活的生命。

神秘老师

非常正确。按照时间顺序描写事物时,不是简单地按照时间写,而是要写出描写事物的变化,这一点很重要。

二、技法指导

神秘老师

讲完了运用时间顺序需要注意的三点，那么你们知道时间顺序都有哪些吗？

奇奇

这个难不倒我，比如春夏秋冬四季顺序，一天早中晚顺序，一年十二个月顺序。

妙妙

还有周一到周日的星期顺序，少年、青年、中年、老年的人生顺序。早上也可以分成凌晨、破晓、清晨，晚上也可以分成傍晚、晚上、半夜，还有朝代顺序等等。

神秘老师

大家总结得很棒。我们在写作文时常用的时间顺序有这四种：

1. 四季顺序。
2. 日顺序。
3. 年顺序。
4. 节日顺序。

了解了主要的时间顺序，接下来我再来讲讲如何运用时间顺序。

妙妙

不是只要按照顺序写就好了吗，难道还有其他巧妙的用法吗？

神秘老师

当然有啦。你说的按照时间顺序来写，在叙述方法上叫作"顺叙"。我们来看看几种叙述方法。

1. 顺叙。按时间的先后顺序写。
2. 倒叙。先写结果，后写前边发生的事。
3. 插叙。按照时间先后写，中间插入一段其他时间的事。

奇奇

这三种叙述方法我知道，语文老师上课的时候讲到过，在记叙文里用得最多。

神秘老师

奇奇记得很清楚呀！顺叙、插叙和倒叙是三种不同的叙述方法，顺叙比较平稳有条理，插叙往往起到解释说明的作用，倒叙主要用来设置悬念吸引读者兴趣。今天我们学的这篇文章运用的是顺叙。朱自清先生的《背影》运用的是倒叙。插叙和倒叙平时用得不多，我们主要掌握顺叙就可以啦！

写作练笔

同学们，今天通过《猫》这篇文章，我们学习了按时间顺序描写小动物的写法，你学会了吗？快来写一写吧！

1. 选取某个熟悉的小动物。
2. 从网上搜集相关资料，了解这种动物不同成长阶段的不同特点。
3. 按照时间顺序把不同成长阶段的不同特点写出来。

老师/家长点评

名篇欣赏

小动物们（节选）

▲老 舍

鸽的名样很多。以颜色说，大概应以灰、白、黑、紫为基本色儿。可是全灰全白全黑全紫的并不值钱。全灰的是楼鸽，院中撒些米就会来一群；物是以缺者为贵，楼鸽太普罗。有一种比楼鸽小，灰色也浅一些的，才是真正的"灰"；但也并不很贵重。全白的，大概就叫"白"吧，我记不清了。全黑的叫黑儿，全紫的叫紫箭，也叫猪血。

猪血们因为羽色单调，所以不值钱，这就容易想到值钱的必是杂色的。杂色的种类多极了，就我所知道的——并且为清楚起见——可以分作下列的四大类：

点子、乌、环、玉翅。点子是白身腔，只在头上有手指肚大的一块黑，或紫；尾是随着头上那个点儿，黑或紫。这叫作黑点子和紫点子。乌与点子相近，不过是头上的黑或紫延长到肩与胸部。这叫黑乌或紫乌。这种又有黑翅的或紫翅的，名铁翅乌或铜翅乌——这比单是乌又贵重一些。还有一种，只有黑头或紫头，而尾是白的，叫作黑乌头或紫乌头；比乌的价钱要贱一些。

环，简单的很：全白而项上有一黑圈者叫墨环；反之，全黑而项上有白圈者是玉环。此外有紫环，全白而项上有一紫环。"环"这种鸽似乎永远不大高贵。大概可以这么说，白尾的鸽是不易与黑尾或紫尾的相抗，因为白尾的飞起来不大美。

玉翅是白翅边的。全灰而有两白翅是灰玉翅；还有黑玉翅、紫玉翅。所谓白翅，有个讲究：翅上的白翎是左七右八。能够这样，飞起来才正好，白边儿不过宽，也不过窄。能生成就这样的，自然很少，所以鸽贩常常作假，硬插上一两根，或拔去些，是常有的事。

名家写作课

神秘老师 **妙妙** **奇奇**

老师，前两天我读了老舍先生的《小动物们》这篇文章，发现老舍先生运用的描写小动物的方法和我们之前学的完全不一样。

这是因为《小动物们》是一篇文艺性说明文。除了说明文，你们还知道哪些文体？

我知道，说明文、记叙文和议论文是三大文体。

没错。我们平时写的文章偏向于记叙文，所以我们在描写小动物的时候会运用外貌描写、动作描写、各种修辞，以及欲扬先抑、借物喻人等写法。然而就像妙妙提问时说的那样，在说明文里，描写小动物的方法就不一样了。由于《小动物们》原文比较长，我只节选一部分。首先，谁来概括一下节选部分的主要内容呢？

老师，我来说吧！节选部分主要介绍了鸽子羽毛的颜色，作者通过分类的方式逐一介绍。

很好，妙妙提到了"分类"，这是说明文里一个非常重要的说明方法。说明文是指通过说明和解释，把事物的形态、构造、功能、种类、性质、成因等介绍给别人。在介绍的时候，会用到很多种方法。接下来我们逐一学习。说明文里，分类介绍的方法叫作分类别，大家找一找，作者介绍鸽子颜色时，分了哪几类呢？

开篇第一句就交代了，"大概应以灰、白、黑、紫为基本色儿"，紧接着作者提到纯色不值钱，于是提到了杂色，杂色里又分为四类，"点子、乌、环、玉翅"。

奇奇找得很全面。作者通过分类别的方法，将鸽子颜色的种类介绍得全面且细致，读者读起来条理清晰，头绪分明。这就是分类别的好处，能让文章有条理。我们看到鸽子颜色很多，养鸽子的人专门给每一种颜色取了名字，作者专门细致解释了每一种颜色，这个过程运用了下定义的方法。

比如"全黑的叫黑儿，全紫的叫紫箭，也叫猪血"，还有"全白而项上有一黑圈者叫墨环"，都是下定义吧！

没错，严格意义上讲，下定义是一种用简洁而明确的语言，指出被说明对象的本质特点，把容易与之混淆的对象区别开来的说明方法。

老师，我还发现作者运用了描写手法进行介绍，比如"点子是白身腔，只在头上有手指肚大的一块黑，或紫；尾是随着头上那个点儿，黑或紫"，这是不是直接描写呀？

奇奇这个问题问得好，在记叙文中这的确叫直接描写，描写的目的是展示被描写事物的形态特征。但是在说明文里，描写叫作摹状貌。文章里有很多摹状貌的例子，都是为了说明每一种颜色的鸽子的具体样子。

看来学习说明文还得和记叙文区分开呀！

分类别、下定义和摹状貌都是常用的说明方法，此外，文章还运用了其他说明方法，比如作比较。"乌与点子相近，不过是头上的黑或紫延长到肩与胸部"，前面介绍了点子，读者就熟悉了，后边介绍乌的时候，为了更好地说明，把乌和点子的外观进行比较，更能突出乌的特点。所以说，作比较的目的是用形象、具体或者熟知的事物和要说明的事物相互比较，以突出其特点。

听起来有点像记叙文里对比手法。

没错，作比较和对比手法很接近，只不过是不同文体里名字不同而已。结尾的时候，作者说"鸽贩常常作假，硬插上一两根，或拔去些，是常有的事"，这是举了一个生活事例，这种说明方法叫作举例子。说明文的说明方法我先介绍这些，最后我来总结一下文章使用过的说明方法。

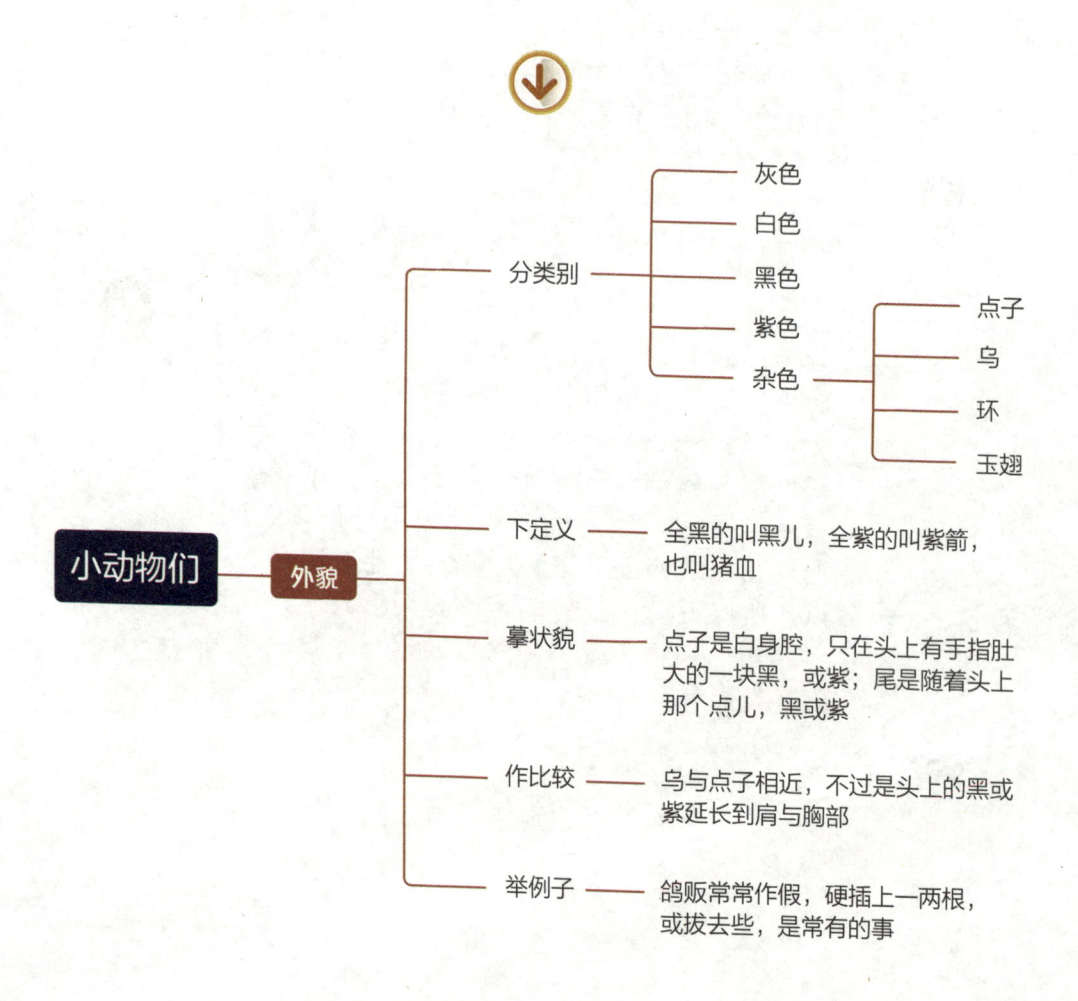

```
                                    ┌── 灰色
                                    ├── 白色
                         ┌─ 分类别 ──┼── 黑色
                         │          ├── 紫色         ┌── 点子
                         │          └── 杂色 ────────┼── 乌
                         │                          ├── 环
                         │                          └── 玉翅
                         │
                         │─ 下定义 ── 全黑的叫黑儿，全紫的叫紫箭，
                         │            也叫猪血
                         │
小动物们 ── 外貌 ─────────┤─ 摹状貌 ── 点子是白身腔，只在头上有手指肚
                         │            大的一块黑，或紫；尾是随着头上
                         │            那个点儿，黑或紫
                         │
                         │─ 作比较 ── 乌与点子相近，不过是头上的黑或
                         │            紫延长到肩与胸部
                         │
                         └─ 举例子 ── 鸽贩常常作假，硬插上一两根，
                                      或拔去些，是常有的事
```

一、思路点拨

妙妙

老师，我们平时写记叙文的时候，都会按照特定的顺序写，比如时间顺序、空间顺序等，说明文里有写作顺序吗？

神秘老师

当然有啦！说明文里常用的两种顺序和记叙文相似，也有时间顺序和空间顺序。不过说明文里还有一种叫逻辑顺序，这种顺序在说明文里用得比时间顺序和空间顺序还多。

常用的逻辑顺序包括：从原因到结果、从主要到次要、从整体到部分、从概括到具体、从现象到本质、从具体到一般，从结果到原因、从次要到主要、从部分到整体、从具体到概括、从本质到现象、从一般到具体。

奇奇

时间顺序很好理解，比如我想介绍小猫的成长过程，可以按照时间顺序说明小猫在一个月、两个月、三个月的时候分别是什么样的。空间顺序也好理解，比如我想介绍故宫，可以按照前后左右里外的顺序写。但逻辑顺序有点难懂！

神秘老师

既然今天学的是关于鸽子的文章，我们就使用从原因到结果的逻辑顺序，以介绍鸽子为什么能送信为例。我们可以先介绍鸽子为什么能送信，先介绍送信的由来以及原因，再介绍驯化过程，最后介绍驯化后的结果以及古时候鸽子送信的应用领域，这就是从原因到结果的说明顺序。

妙妙

原来是这样呀，那么由主要到次要的顺序，可不可以理解为详略得当呢？比如介绍鸽子的颜色，写得很详细，介绍鸽子的习性就可以简略一些，这就是由主要到次要吧？

神秘老师

妙妙理解得很正确。从描写小动物的角度考虑，虽然记叙文和说明文很类似，但说明文重在介绍说明，而记叙文重在表达情感，这两点要区分开。另外，还有一个特别需要注意的地方是文章的结构。

奇奇

我知道记叙文的结构有总分结构、总分总结构、并列结构。这些都可以用到说明文里吗？

神秘老师

当然，从文章结构来看，记叙文和说明文没有太大区别，都是通用的。我们今天学的《小动物们》用到了总分结构。作者在开篇就提到了要介绍鸽子，"鸽的名样很多"这句话是总起句，接下来分别介绍了四类基本色和四类杂色，属于分述。学完今天的内容，同学们可以再次阅读这篇文章的全文感受一下。

二、技法指导

神秘老师

讲了这么多，说明文到底要怎么写，如何下笔，如何运用写作顺序和说明方法呢？老师给大家总结了说明文三步法。

奇奇

三步法？老师快给我们讲一讲。

神秘老师

说明文三步法，第一步：明确说明对象，提取说明特征。

在我们决定写一篇说明文之前，首先要找到说明的对象，也就是你想向别人介绍的事物是什么。一栋建筑、一个小动物、一件玩具，这都是说明对象。然后提取它的主要特征，也就是你最想要向别人介绍的特点是什么，先罗列出来。

妙妙

感觉有点像记叙文里的确定中心和特征法。

神秘老师

没错。刚开始学说明文的写作方法时，可以和记叙文对比着学。

第二步：确定文章结构，选取说明顺序。

第一步相当于列提纲，第二步就要开始动笔写了。先确定文章结构，写起来就有条理了。然后确定说明顺序，介绍小动物可以按照从整体到局部或从头到尾的顺序介绍；介绍建筑可以按照从前到后或从外到里的顺序介绍。写作顺序可以根据需要选择。

妙妙

那最后一步呢？

神秘老师

第三步：选取说明方法，按顺序说明。

有了说明顺序，接下来按照顺序介绍就好了。具体介绍到某个特征时，注意选用合适的说明方法。还记得今天我们学了哪些方法吗？

奇奇

记得，分类别、摹状貌、下定义、作比较、举例子。

神秘老师

很好。除了这五种方法之外，说明文还有打比方、列数字、作诠释、列图表等说明方法。大家不要贪多，先把今天学的五种掌握了吧！

写作练笔

同学们，今天我们学习了用说明文介绍小动物的方法，你学会了吗？快来动手试一试吧！

1. 选取一种你喜欢的小动物作为说明对象，比如小猫、小狗、小仓鼠。
2. 确定想要介绍的特征，比如外貌、毛发颜色、生活习性等。
3. 确定文章的结构和说明顺序。
4. 选择合适的说明方法，按照顺序介绍小动物的特征。

老师/家长点评

名篇欣赏

金 鱼 (节选)

▲周作人

说到金鱼,我其实是很不喜欢金鱼的。

我每见金鱼一团肥红的身体,突出两只眼睛,转动不灵地在水中游泳,总会联想到中国的新嫁娘,身穿红布袄裤,扎着裤腿,拐着一对小脚伶俜地走路。

寸脚女人所引起的另一种感想乃是残废,这是极不愉快的事,正如驼背或颈子上挂着一个大瘤,假如这是自然的,我们不能说是嫌恶,但总之至少不喜欢看总是确实的了。有谁会赏鉴驼背或大瘤呢?金鱼突出眼睛,便是这一类的现象。别的有叫作绯鲤的,大约是它的表兄弟罢,一样地穿着大红棉袄,只是不开袀，眼睛也是平平地装在脑袋瓜儿里边，并不比平常的鱼更为鼓出，因此可见金鱼的眼睛是一种残疾，无论碰在水草上时容易戳瞎乌珠，就是平常也一定近视得了不得，要吃馒头末屑也不大方便罢。照中国人喜欢小脚的常例推去，金鱼之爱可以说宜乎众矣，但在不佞（nìng）实在是两者都不敢爱，我所爱的还只是平常的鱼而已。

一个大池，里面如养着鱼，那最好是天空或水的颜色的，如鲫鱼，其次是鲤鱼。我这样的分等级，好像是以肉的味道为标准，其实不然。我想水里游着的鱼应当是暗黑色的才好，身体又不可太大，人家从水上看下去，窥视好久，才看见隐隐的一条在那里，有时或者简直就在你的鼻子前面，等一忽儿却又不见了，这比一件红通通的东西慢慢地近摆来，好像望那西湖里的广告船，随后又慢慢地远开去，更为风趣得多。

鲫鱼便具备这种资格，鲤鱼未免个儿太大一点，但他是要跳龙门去的，这又难怪他。此外有些白鲦，瘦长银白的身体，游来游去，仿佛是东南海边的泥鳅龙船，有时候不知为什么事出了惊，拨剌地翻身即逝，银光照眼，也能添加水界的活气。在这样地方，无论是金鱼，就是平眼的绯鲤，也是不适宜的。红袄裤的新嫁娘，如其脚是小的，那只好就请她在炕上爬或坐着，即使不然，也还是坐在房中，在油漆气芸香或花露水气中，比较地可以得到一种调和，所以金鱼的去处还是富贵人家的绣房，浸在五彩的瓷缸中，或是玻璃的圆球里，去和叭儿狗与鹦鹉做伴侣罢了。

名家写作课

神秘老师　　妙妙　　奇奇

老师，上次学习了周作人先生的《冬天的麻雀》，我又去读了他的《金鱼》，我发现周作人先生写的文章都很深奥难懂。尤其是这篇文章明明是写金鱼，后来却写到了封建社会的陋习。

这是作者运用的一种特殊写作方法，叫作类比，就是由两个事物某些相同或相似的性质，推断它们在其他性质上也有可能相同或相似的写法。

听起来有点像比喻。比喻不就是用和本体相似的喻体来描述本体吗？

奇奇说的没错，其实类比和比喻有相似之处，但又和比喻不同。至于有什么不同，我们还是放在文中去分析吧！文章开头的第一句是中心句，也是作者的观点。后边的内容都是围绕这个观点展开的，主要叙述了作者不喜欢金鱼的原因。大家找一找，作者为什么不喜欢金鱼？

第三自然段，作者说"金鱼的眼睛是一种残疾"，不管在水里游泳还是吃饭都不方便，所以不喜欢。

而且后边提到水池里的鲫鱼，作者认为鲫鱼在水里游泳时很难被发现，观赏的时候有一种隐约的美感。而金鱼不同，红通通突然游过来，就像广告船一样，没有意思。

你们找到的两个原因都正确，但没有说到重点。比如残疾的说法，难道残疾就应该被歧视吗？你们看第三自然段，作者说"假如这是自然的，我们不能说是嫌恶"，这表明作者不会因为天生残疾就歧视别人。

难道是因为裹小脚？作者看到金鱼就想到了裹小脚，"乃是残废，这是极不愉快的事"，因为不喜欢裹小脚，所以不喜欢金鱼。

妙妙说对了一半。女人的脚天生不是小的，是封建社会时期男人喜欢"三寸金莲"，所以强迫女人用外力束缚把脚变小，产生了一种畸形体态，所以作者不喜欢。金鱼同样如此，很久以前是没有金鱼的，只有鲫鱼。后来鲫鱼发生了变异，出现了红色的、大眼睛的。人们觉得很好看，就一代一代培养，这才出现了金鱼。由此可知，金鱼也是人为培养出来的畸形产物。所以作者同样不喜欢。

我好像明白了,妙妙刚才说,作者写金鱼又写到了封建社会裹小脚的陋习,实际上这是用金鱼眼睛是残疾这件事影射封建社会女人裹小脚的陋习,老师,这就是类比吧!

奇奇说对啦,如果作者直接说封建社会女人裹小脚是陋习,则没有任何说服力。为了更好地证明这个观点,作者提取了金鱼眼睛是残疾这件事的三个主要关键点:第一是人为培养的;第二是游泳进食不方便;第三是只能养在精致的鱼缸里让人观赏。紧接着,作者将这三个关键点与女人裹小脚进行比较,女人裹小脚在封建社会是很常见的,我们也都清楚。女人裹小脚也有三个关键点:第一也是人为培养的;第二是小脚走路不稳,不能干活儿,也不方便;第三是富人们喜欢的。和金鱼眼睛的残疾几乎如出一辙。所以,作者才会用金鱼眼睛是残疾这件事影射封建社会女人裹小脚的陋习。

原来是这样啊,怪不得作者在开头要先写金鱼眼睛,再写裹小脚。金鱼眼睛的内容既是类似的事物,也是铺垫。

通过将裹小脚和金鱼眼睛进行类比,说明封建社会女人裹小脚是陋习。既然是残疾,肯定就缺少美感了。于是接下来,作者又写到了水池中的鲫鱼,进一步用金鱼没有鲫鱼有观赏性和趣味性来影射裹小脚的女人。到这里就完全证明了自己的观点,解释了为什么寸脚女人令人不愉快的原因。最后我们总结一下文章的思路吧。

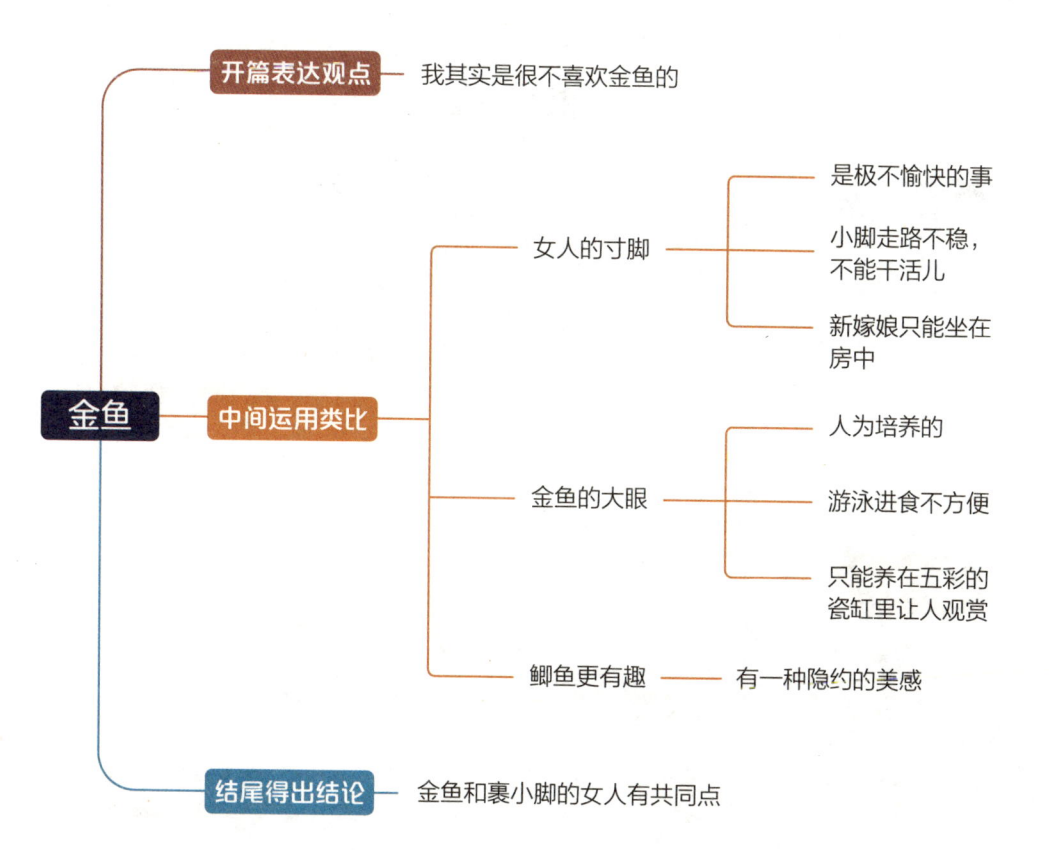

```
                                                              ┌── 是极不愉快的事
                                          ┌── 女人的寸脚 ──┼── 小脚走路不稳，不能干活儿
                                          │                   └── 新嫁娘只能坐在房中
                                          │
                                          │                   ┌── 人为培养的
金鱼 ──┬── 开篇表达观点 ── 我其实是很不喜欢金鱼的
        │                                 │
        ├── 中间运用类比 ──┼── 金鱼的大眼 ──┼── 游泳进食不方便
        │                                 │                   └── 只能养在五彩的瓷缸里让人观赏
        │                                 │
        │                                 └── 鲫鱼更有趣 ── 有一种隐约的美感
        │
        └── 结尾得出结论 ── 金鱼和裹小脚的女人有共同点
```

写作加油站

一、思路点拨

奇奇

老师,你刚才说类比和比喻有相似之处,但和比喻又不同,它们有什么不同呢?

神秘老师

首先我们来回忆一下什么是比喻。

妙妙

比喻是用和甲事物有相似之处的乙事物来描述甲事物的修辞手法,目的是更形象地描写或者说明甲事物的特点。

神秘老师

很好。比喻的目的是描写甲事物;类比的目的是证明观点。比喻的甲事物和乙事物之间的相似点只有一个;类比的甲事物和乙事物之间相似点不限于一个。比喻的甲事物和乙事物在整体上极其不同;类比中的甲事物和乙事物在整体上可以是相同的。比喻中的"比"是"比拟"的意思;类比中的"比"是"比较"的意思,所谓类比,就是比较类推。

奇奇

也就是说，比喻是为了修饰，类比是为了论证。

神秘老师

总结得很到位。另外，类比有时候和比喻是有相通之处的，类比的主体事物和各体事物也有本体和喻体的关系。

比如妈妈保护孩子，可以用母鸡保护小鸡进行类比，也就是把妈妈比喻成了母鸡，把孩子比喻成了小鸡。

但有时候，类比和比喻又是完全不同的，类比的主体事物和各体事物没有本体和喻体的关系，只有类比的相似之处。

比如今天学习的这篇文章里，用女人的寸脚和金鱼的大眼进行类比，小脚和大眼之间就不存在本体和喻体的关系，只有三点相似之处。

二、技法指导

妙妙

老师，我们在作文中，应该如何运用类比呢，有什么方法吗？

神秘老师

当然有啦。运用类比时，一定要记住刚才说的，类比的目的是证明观点。记住这个前提，运用类比，要注意三点：

1. 注意应用场合。
2. 注意类比的事物间的相似性。
3. 注意得出结论。

奇奇

类比是一种写作方法，不都是用在作文里吗，要注意什么场合呀？

神秘老师

作文也分很多种，议论文、记叙文、说明文都是应用场合。类比由于有"比较"的意思，所以通常用在议论和说明的环境里。

奇奇

哦，我知道，类比可以用在议论文中，也可以用在记叙文中。在记叙文中，类比通常是为了塑造人物形象或表达作者情感。而用在说明文中的话，是为了比较说明事物的特征。

神秘老师

第二点注意类比的事物间的相似性，这一点在类比的定义中已明确指出。和类比不同，对比的事物可以完全不同，而类比的事物一定要有相似性。

妙妙

第三点也很好理解，类比后，要在后边进行总结，给出两种事物类比的结论，也就是议论和说明的结果。

神秘老师

很好。只要时刻记住这三点，在作文里就可以轻松运用类比来讲道理和说明事物啦！

写作练笔

同学们，今天的学习就到这里，你学会运用类比的写法了吗？快来动手写一写吧！

1. 保险丝很软，指甲都掐得断；熔点很低，火柴就能烧化它。可是它在电路中担当着重要的警卫工作。
2. 软木无法用来建造房子，也不适合当柴火来燃烧取暖，但它具有其他木料无可替代的优越性，热水瓶上的木塞通常用软木来制作。
3. 从这两个事例，你能得出什么结论呢？

老师/家长点评